AMANDA QUARESMA

os corpos gritam para ninguém

UMA ANÁLISE DOS LAUDOS PERICIAIS DA CHACINA DO CABULA

mórula
EDITORIAL

REVISÃO
Marilia Pereira

PROJETO GRÁFICO
Patrícia Oliveira

CIP-BRASIL. CATALOGAÇÃO NA PUBLICAÇÃO
SINDICATO NACIONAL DOS EDITORES DE LIVROS, RJ
Elaborado por Gabriela Faray Lopes — CRB 7/6643

Q26c

Quaresma, Amanda
Os corpos gritam para ninguém: uma análise dos laudos periciais da Chacina do Cabula / Amanda Quaresma. – 1. ed.– Rio de Janeiro: Mórula, 2024.
228 p. ; 21 cm.

Inclui bibliografia.
ISBN 978-65-6128-007-5

1. Cabula (Salvador, BA) – Laudos periciais. 2. Violência – Aspectos sociais – Brasil. 3. Crime – Aspectos sociais – Brasil. I. Título.

24-88236 CDD: 364.1523
CDU: 343.326

Rua Teotônio Regadas 26 sala 904
20021_360 _ Lapa _ Rio de Janeiro _ RJ
www.morula.com.br _ contato@morula.com.br
/morulaeditorial /morula_editorial

Dedico esta pesquisa
aos filhos desgarrados do
Terreiro Língua de Vaca,
aos aquilombados do Cabula,
aos familiares que choram seus
mortos e feridos no IML,
aos mortos e sobreviventes
da Chacina do Cabula,
aos que abriram meus
caminhos e aos que virão
depois de mim.

SUMÁRIO

PARTE 2

ENTRE BECOS, VIELAS, MACAS, LAUDOS E ENTRELINHAS

PARTE 3

VERDADES SILENCIADAS: DIVERSAS MANEIRAS DE NÃO DIZER

PREFÁCIO

FLAVIA MEDEIROS

O campo de pesquisas sobre morte, mortos e morrer, desde uma abordagem interdisciplinar das ciências humanas e sociais, desenvolveu-se com distintas abordagens empíricas e qualitativas sobre ritos, crenças, valores e práticas. Nas últimas décadas, aquele que pode vir a ser considerado um dos principais tabus na sociedade euro-ocidental consolidou-se como tema central para pesquisas na área. Ao passo que discussões teóricas e críticas que tomam formas de matar, de classificar os mortos e de representar a morte como objeto têm demonstrado como se fundou globalmente, via a modernidade-colonial, um poderoso aparato de controle social articulado sob a forma de estado, que prioriza a morte e o matar como mecanismos de gestão de populações e territórios.

No contexto dos estados nacionais modernos, são as instituições, por meio de seus agentes formalmente instituídos, que deveriam ser responsáveis pela gestão da morte, controlando o fluxo dos corpos sem vida, bem como gerindo a burocracia necessária para a construção de um morto. Desse processo, incluíram-se também a verificação dos porquês e "comos" para uma determinada morte e, sendo elas potencialmente efeito da ação de alguém, também a sua responsabilização, fosse pela punição da intenção de matar ou da omissão que provocou a morte. Na interação da vontade de poder com a vontade de saber, saberes disciplinares se combinaram, conformando uma poderosa ferramenta de classificação e, por conseguinte, exercício de controle sobre a morte, os mortos e o morrer. A medicina legal, enquanto disciplina e ofício, configurou-se como o principal meio para validar uma morte. No Brasil, foi ao longo do século XIX que a medicina legal foi instituída, sendo no começo do século XX que institutos de medicina legal se consolidaram e persistem, por mais de um século, como a caixa preta da morte, onde os mortos falam e são a ferramenta principal para conhecer a verdade sobre o seu morrer.

No presente livro, por meio da análise dos laudos periciais produzidos pelo Instituto Médico Legal Nina Rodrigues (IMLNR) na cidade de Salvador, Bahia/Brasil, encontra-se um relevante trabalho, feito a partir de uma metodologia cuidadosa de análise de dados presentes em documentos públicos, costurada com a experiência de formação e atuação da autora como advogada profissional, Amanda Gonçalves Prado Quaresma. Inspirada em abordagens interdisciplinares entre Direito, Sociologia, Antropologia e História, a autora nos oferece uma consistente e urgente pesquisa sobre o processo de produção de verdade institucional de mortes violentas, a partir do estudo de caso da Chacina do Cabula. Trazendo ao texto dados, análises e reflexões, seja do período em que atuou como monitora da disciplina de medicina legal durante a graduação, ou das observações sobre a rotina judicial, ao longo do texto, aprendemos com a autora que lida com o desafio de identificar e refletir sobre omissões e ausências a respeito das informações que poderiam ser de valia para a elucidação daquele crime que provocou doze mortes no bairro da Cabula, cidade de Salvador/Bahia, em 06 de fevereiro de 2015.

Se, por meio da análise desse conjunto de documentos, é possível identificar um padrão estrutural de formas oficiais de normalização dessas mortes produzidas por agentes estatais em operações policiais, o trabalho de Quaresma se faz como uma valiosa interrupção desse ciclo de silêncios e esquecimentos. No texto, o leitor vai encontrar uma demonstração de como a conjunção dos saberes médicos e jurídicos que se materializam por meio da lógica cartorial fazem desses documentos peças ora fundamentais, ora descredibilizadas e ao longo do processo são insuficientes para a produção de verdade que permita produzir justiça e responsabilizar os autores das mortes.

Ao longo do texto, vemos como o trabalho cartorial pode se dar de forma contraditória e contraproducente, ao se voltar para uma intensa produção de documentos preenchidos de assinaturas, carimbos e informações que constroem uma versão sobre a verdade real que não responsabiliza aqueles que provocaram uma morte intencional. No caso da Chacina do Cabula, os inquéritos policiais foram procedimentos distintos que colocaram sob competição a construção sobre a verdade real, aquela que, por ser conferida de fé pública, teria mais legitimidade, reforçando como uma verdade singular não existe, mas é sempre produto de uma construção atravessada por disputas de poder que nem sempre têm a ver com a dinâmica de como se sucederam os fatos, mas sim com uma de suas versões.

Aqui podemos identificar como, ao trabalhar sem necessariamente investigar e elucidar os fatos, a polícia investigativa cria versões que são adequadas a uma versão plausível para alcançar a etapa jurídica e assim superar a etapa do inquérito policial, um procedimento policial, e se tornar ora processo, um procedimento judicial, ora arquivo, um procedimento administrativo. É nesse ínterim que os peritos oficiais atuam, especialmente os peritos médico-legistas que têm como atributo de função identificar e determinar os fatores anátomo-fisiológicos que provocaram a morte de alguém.

Para esses peritos, o corpo morto é um objeto a ser desvendado por eles, detentores da capacidade singular de ler, ouvir e traduzir a morte em termos médico-legais. Ao interpretar a morte a partir desses corpos, são produzidos os laudos necroscópicos, documentos que registram as interpretações com valor de verdade, reforçando a relação entre saber, poder e verdade que confere autoridade àqueles que podem dizer o que está escrito, pois são detentores não apenas do conhecimento, mas da legitimidade pública legada a agentes do estado na produção desses enunciados. Entretanto, muitas vezes, para além do que o corpo fala, são atribuídas narrativas que acionam valores parte de um denso composto de moralidades que dizem respeito a concepções prévias, não relacionadas ao corpo morto em si, mas que interferem diretamente na sua vida social como vítima de uma morte dolosa e violenta.

A pesquisa também expressa uma grande contribuição às críticas em relação ao campo jurídico no Brasil, em especial às fragilidades na formação em Direito, ao demonstrar que aquilo que é ofertado como fundamental nas faculdades é dissociado das práticas rotineiras e das urgências sociais, sendo fortemente marcado por uma tradição teórica e doutrinária. Tais cursos de bacharelado não necessariamente têm a oferta obrigatória do curso de medicina legal. Muitas vezes, fortalecem e aprofundam estigmas e preconceitos em relação às vítimas, suspeitos e demais sujeitos incrimináveis em virtude de seu endereço de residência, cor e fenótipo, sustentados nas crenças do racismo que estrutura a desigualdade social. Essas preconcepções se institucionalizam nas práticas rotineiras de agentes do Estado que deveriam ser responsáveis pelo fazer justiça, mas que, em geral, realizam na punição e exclusão social a forma mais presente de controle social da população negra e socialmente vulnerabilizada.

Ao leitor do presente livro, eis aqui uma demonstração de como a pesquisa empírica em direito pode trazer contribuições ao campo das ciências humanas e sociais, assim como na compreensão por parte da sociedade mais ampla sobre como a interpretação do corpo em contexto influencia de forma determinante na produção dos laudos periciais. Quando outras crenças, que não as científicas, incidem, deixando o conhecimento anatomofisiológico do corpo em si em segundo plano, e se voltando para uma generalidade da gestão do estado sobre corpos, laudos necroscópicos acabam por reproduzir um padrão prévio que limita o acesso à justiça e à elucidação da verdade de modo a contemplar o direito ao luto dos familiares e a responsabilização dos autores da morte.

Aos que possam se inspirar e refletir, a partir deste trabalho que tive a honra e o prazer de acompanhar como avaliadora externa nas respectivas bancas do projeto e da dissertação, convido todas as pessoas interessadas a entrarem nessa leitura que nos conclama a ouvir os corpos para além da sobrevivência e resistência, mas desde um aprendizado que nos convoca a respeitar os mortos e a aprender com a morte. Se o Iroko, que se sustenta no jardim situado diante do IML Nina Rodrigues se mantém, como forma de lembrar daqueles que violentamente foram suprimidos pelo empreendimento colonial, que as linhas inscritas aqui, diferente dos documentos em forma de laudos, inquéritos e processos que silenciam os mortos, sejam lidas e ecoadas como inspiração para formas de se pesquisar e relatar sobre as mortes violentas de modo a que se produza supravivência, para que a contribuição científica exerça sua função de proteção e respeito às vidas.

APRESENTAÇÃO

ANA LUIZA PINHEIRO FLAUZINA

Este é um trabalho que fala de muitos silêncios ensurdecedores. O silêncio institucional que produz e autoriza o assassinato de jovens negros no Brasil; o abafamento das denúncias dos sobreviventes das chacinas promovidas pelas forças policiais; o cala-boca do sistema de justiça que normatiza e normaliza o massacre como dado do cotidiano.

Em sua dissertação, Amanda Quaresma rompe com mais um desses gritos abafados, o que se dá no fazer universitário, nos presenteando com uma pesquisa implicada nas trincheiras da resistência política.

Aqui, acho importante destacar a Universidade como mais uma estrutura que opera à serviço do genocídio negro, ao silenciar sobre temas que são centrais na luta pela vida das pessoas negras no país.

A Chacina do Cabula, que ocupa as páginas deste importante trabalho, é ilustrativa dessa dinâmica perversa. Em 6 de fevereiro de 2015, nove policiais fortemente armados executaram sumariamente doze jovens e deixaram outros seis gravemente feridos no bairro do Cabula, em Salvador.

Seguindo o que se converteu em padrão institucional no Brasil, o evento foi caracterizado como resposta justa e proporcional da polícia, promovendo-se a criminalização das vítimas. Contestando essa narrativa, o trabalho de Amanda se debruça sobre a chacina e segue uma pista até então não explorada, promovendo a análise dos laudos periciais presentes nos autos. De forma certeira e criteriosa, a pesquisa nos desvela o descarte de provas cruciais e a falta de observação de questões básicas nos diversos laudos que indicam a ocorrência da execução sumária dos jovens, apontando para a veracidade do que é alegado pelos sobreviventes e pelas pessoas da comunidade do Cabula. Ao final, o que se constata na análise é o fato de que a morte é o grande consenso político do racismo no país.

Como poderá ser observado na leitura do texto, Amanda destaca-se por sua escrita sensível e tecnicamente criteriosa. Por isso, destaco aqui a importância da escolha do tema.

O que fica cada vez mais evidente é que cabe às pessoas negras a tarefa não só de chorar seus mortos, mas também a de contar suas histórias e denunciar as práticas que determinam a precariedade de sua existência.

Como professora negra que ocupa o espaço rarefeito da pós-graduação em Direito, tomo essa tarefa como missão e implico meus estudantes, negros e brancos, a produzirem escritos sobre questões que façam da Universidade um espaço de contestação.

Por isso, para mim, orientar Amanda foi mais do que um exercício catedrático. Essa orientação me permitiu somar com os esforços políticos de visibilização e pressão que as mães das vítimas da chacina do Cabula e organizações do movimento negro, a exemplo da Campanha Reaja ou Será Morto(a), têm empreendido há anos para a elucidação desse importante caso.

Ao final dessa jornada, é motivo de orgulho poder afirmar que, mais do que uma pesquisadora competente, Amanda se vincula como uma aliada na luta contra o racismo, ao assumir a tarefa de preencher o silêncio com o som da resistência.

É, portanto, o compromisso ético dessa jovem acadêmica, que faz deste trabalho potência e inovação. É sua insistência em honrar as verdades que os corpos gritam nos processos, que torna este livro um testemunho. É a coragem de alargar os becos estreitos do mundo do Direito e fazer da Universidade um chão de enfrentamento, que credencia Amanda Quaresma como uma intelectual determinada e esta publicação como um marco nos estudos jurídicos.

INTRODUÇÃO

Estive pela primeira vez em um Instituto Médico Legal (IML) em 19 de novembro de 2018, ainda durante minha graduação em Direito na Universidade Federal da Bahia, para uma visita técnica prevista como atividade para a disciplina de Medicina Legal. Como éramos uma turma numerosa e não queríamos prejudicar a rotina do órgão com tantos olhos curiosos à espreita, fomos divididos em horários e dias diferentes para a visita. Fui alocada na primeira turma, com mais seis alunos, além de um dos professores da disciplina, que também trabalhava como perito médico-legal no espaço.

A visita teve início às oito horas da manhã de uma segunda-feira, horário em que eram muitos os corpos à espera de serem periciados. Segundo os funcionários do IML, "aquele final de semana havia sido agitado". Falavam animados, como se tivéssemos dado sorte. Talvez, pelos nossos jalecos brancos, achavam que éramos estudantes de Medicina buscando aprender e observar com as necrópsias ali realizadas. Nosso objetivo, no entanto, era apenas conhecer o funcionamento geral do instituto.

Havia, de fato, diversos corpos ainda não periciados em bandejas posicionadas no chão de uma sala ao lado da sala de necrópsias. Dois deles marcaram minha memória. O corpo de uma senhora de pele clara, cabelos curtos e grisalhos, cuidadosamente vestida de camisola rosa e pequenos brincos de pedrinhas coloridas. Seu corpo de barriga para cima estava coberto até a cintura com um lençol florido, de tal modo que parecia dormir tranquilamente em uma das macas. A realidade que a levou ao IML estava escondida na guia policial que acompanhava seu corpo: havia caído da escada e batido a cabeça. Não me atrevi a tirar a máscara cirúrgica para sentir seu cheiro, mas sua imagem me transportou para o familiar aroma de perfume de lavanda que minha avó usava para dormir. Tive o repentino pensamento de que aquela senhora não pertencia àquele lugar que cheirava a sangue e carne putrefeita.

O outro corpo não me pareceu, naquele momento, deslocado do ambiente em que estávamos. Era de um homem negro, magro e jovem. Não era possível ver as feições do seu rosto, tanto pelo seu corpo estar completamente carbonizado quanto pelo fato de que a cabeça lhe faltava. Era um busto decapitado, e as pernas estavam amputadas na altura dos joelhos. O cheiro de fumaça e carne queimada ultrapassava a máscara cirúrgica que eu usava. O corpo do rapaz havia sido encontrado em um terreno baldio de um bairro periférico, era o que dizia a guia policial. Por mais assustador que pareça, apesar de minha raiva e indignação com a situação da segurança pública, que chegara a crimes tão bárbaros, ver aquele corpo atrozmente tratado não despertava em mim a mesma empatia que o corpo da primeira senhora.

Alguma coisa estava fora da ordem. Por que a angústia diante da dor do homem negro não me atravessava da mesma maneira?

Ao longo da visita, conhecemos a maioria dos setores da instituição: a biblioteca; o arquivo de documentos; a sala de necrópsia; a clínica médica; os laboratórios de patologia, com seus diversos vidros com órgãos, fetos e pedaços de carne imersos em formol; a sala de antropologia forense, com suas ossadas dispostas em mesas e estantes; a geladeira; o setor funerário; a portaria dos fundos, com seu entra e sai de rabecões e corpos...

A visita técnica quebrou a visão romântica que eu cultivava em relação às perícias — a ideia de que era possível desvendar os mínimos detalhes de um crime observando o corpo morto com sofisticados aparelhos tecnológicos. Deparei-me com uma estrutura precária, ao revés do imaginário produzido pelas séries *hollywoodianas*. O prédio enorme e as salas superdimensionadas escondiam as fragilidades de uma instituição que, a fim de suprir a falta de equipamentos, pessoal e investimento público, funcionava por improvisação. Balanças e maquinários de raio-X com defeito; corpos dividindo a mesma bandeja dentro de geladeiras quebradas que se tornavam estufas; vestígios armazenados de modo rudimentar e improvisado, em vasilhas de sorvete e vasilhames plásticos de lojas de R$ 1,99; documentação em papel impresso; falta de equipamento de segurança; funcionários terceirizados em desvio de função, fazendo o trabalho que deveria ser feito por servidores concursados. Nada do que eu havia imaginado estava presente na realidade do IML.

No ano seguinte àquela visita, voltei inúmeras vezes ao IML como monitora da disciplina. Assim, ao longo de um ano e seis meses frequentando o lugar junto aos alunos, vi transitando pelo IML algumas dezenas de corpos vivos e mortos — na grande maioria, de jovens negros.

É inegável o constrangimento pelo que vou admitir aqui. Ainda que eu tenha sentido alguma dose de pena, raiva, tristeza ou indignação pelo trânsito diário de corpos maltratados naquele lugar, não fui arrebatada por emoções mais fortes. Talvez tamanho embrutecimento tenha sido desenvolvido ao longo das experiências de vida e de trabalho dentro do judiciário e do sistema prisional, afinal, meus pais foram agentes penitenciários e, desde pequena, convivi com o sistema criminal de perto. Ainda de fraldas, frequentava o Complexo Penitenciário da Mata Escura como um lugar conhecido e familiar, de modo que não era uma novidade deparar com situações em que corpos negros eram brutalizados e maltratados. É triste constatar como eu havia naturalizado ver o corpo negro em lugares como aquele. Ao longo do meu crescimento, apesar da mudança de ares, em todo lugar que eu frequentava os marginalizados tinham sempre a mesma cor, e não se pareciam comigo.

Até que, em uma dessas visitas, fui arrebatada.

Parecia mais uma visita qualquer ao IML. Estava acompanhando alunos pelas salas do Instituto, quando, ao me deparar com os corpos da sala de necrópsia, um deles me atingiu de maneira especial. Era o corpo de um jovem negro, de cabelos cacheados curtos, magro e que aparentava ser da minha faixa etária. Fora a óbito após ter sido atingido por múltiplos projéteis de arma de fogo. Pela quantidade de perfurações, estava claro o caráter de execução. Não havia nada de extraordinário no menino deitado sobre a maca, nada que o diferenciasse das outras dezenas de corpos cujas necrópsias acompanhei, exceto por um detalhe que o trazia para minha realidade.

Estava apontando aos alunos as diferenças das perfurações de entrada e saída dos tiros, além de evidenciar outros sinais que confirmavam a morte no cadáver, quando notei uma tatuagem no antebraço esquerdo. Não me recordo exatamente do desenho, mas os traços eram finos e delicados, sombreados. Lembro de tê-la achado muito bonita. A tatuagem trazia a vividez de uma tatuagem recém-feita, e, ao observá-la atentamente, percebi que algumas partes ainda estavam com as "casquinhas" que se formam durante a cicatrização. De repente, me dei conta do óbvio. Aquele jovem morreu sem aviso prévio, sem estar esperando, sem ver a tatuagem nova pronta no seu braço.

Naquele momento, me dei conta de que durante todo o tempo em que frequentei o IML não pensei nas vidas interrompidas — a vida realmente vivida por aquelas pessoas. Ao contrário, eu considerei que todos aqueles mortos já estavam predestinados a morrer, como se cumprissem um destino previsível, mesmo quando de forma prematura. Tomei ciência do ponto de vista do qual eu enxergava: o umbigo da branquitude. Ao ver aquela tatuagem inacabada, entendi que havia uma vítima naquela maca, tal qual a senhora que morreu em virtude de um mero tropeço.

Nesse dia, chorei muito ao sair do IML. Tardiamente, a dor do outro me atravessou. Algum tempo depois, já durante o mestrado, em contato com o debate sobre relações raciais, aprendi que a dor na carne negra não é registrada no imaginário coletivo da branquitude, por estar naturalizada. Nas palavras de Lélia Gonzalez, "o lugar em que nos situamos determinará nossa interpretação sobre o duplo fenômeno do racismo e do sexismo" (Gonzalez, 1984). E por isso é tão importante esclarecer de onde partem as minhas reflexões enquanto pesquisadora e o meu lugar de fala enquanto indivíduo.

Em minha terra natal, a cidade mais negra do Brasil, Salvador/BA, sou lida como branca. Ademais, sou uma mulher cisgênero, heterossexual, de classe média. Sempre me imaginei uma branca aliada às pautas dos movimentos negro e LGBTQIA+ e que tem trânsito livre pelos lugares aos quais não pertence. Explico-me.

Sou filha de funcionários públicos que emergiram à classe média através do estudo e do trabalho, de modo que minha família margeia mundos diferentes. Venho de uma família miscigenada, com traços herdados de brancos, indígenas e negros; que mora em trânsito entre a periferia e a orla, a zona rural e a cidade; que tem membros na classe média e na pobreza, alguns com escolaridade de nível superior e outros de nível fundamental; que tem casais cis-heteronormativos e LGBTQIA+. Assim, convivo com interseções. E, por mais que eu transite entre fronteiras, compreendo que não é o bastante para entender completamente todos os lados envolvidos, de modo a livrar-me de preconceitos enraizados na sociedade e em mim. É uma desconstrução diária e difícil.

A compreensão racional dessas diferenças de ordem social, cultural e econômica, através do contraste entre um lugar de ausências com o qual convivo e a vida confortável que mantenho, criou não só a consciência da situação de privilégio em que me encontro como uma necessidade de contribuir para modificar realidades e garantir direitos. É a partir desse lugar que escrevo: o de aliada na luta social e no compromisso acadêmico para defender pautas que considero essenciais para tomar a Constituição Federal como ponto de partida e não ponto de chegada para todas as pessoas, não só as que se parecem comigo.

O meu objeto de estudo não é o negro, a favela ou grupos vulneráveis. Como disse Juliana Farias, "o meu 'outro' sempre foi o Estado" (Farias,

2020), e são as suas estruturas que busco escancarar neste trabalho. A pesquisa que originou este livro teve como problema a cultura organizacional do Instituto Médico Legal Nina Rodrigues (IMLNR) e seus efeitos na produção dos laudos periciais no órgão. Busquei, através do estudo de caso de homicídio decorrente de oposição à intervenção policial investigado pelo órgão pericial — a Chacina do Cabula —, responder se os laudos produzidos pelo IML efetivamente permitem a construção de verdades que abranjam outras narrativas que não as produzidas pelo Estado.

De maneira resumida, a Chacina do Cabula foi um evento criminoso ocorrido na madrugada do dia 6 de fevereiro de 2015, na Vila Moisés, no bairro do Cabula, em Salvador. Após adentrarem essa região, nove policiais teriam sido, na versão deles, recebidos a tiros, de modo que revidaram, causando a morte de doze jovens negros e ferimentos graves em outros seis. Já a comunidade narra que os policiais armaram uma emboscada para os rapazes, em vingança do alvejamento de um colega policial em operação anterior no local.

Para compreender os sentidos concretos dessa questão e tatear respostas, minha leitura e produção voltou a lente para as relações raciais brasileiras, norteando-se pelas perspectivas da criminologia crítica, atenta à dimensão seletiva do sistema de justiça criminal, que se estrutura no fundamento punitivista do Estado brasileiro. Essa acepção está posta em diálogo necessário com olhares que enxergam o terror de Estado patente no Brasil como derivado dos processos coloniais balizados pelo racismo. Considerando essas duas dimensões, Ana Flauzina, Thula Pires, João Vargas e Frantz Fanon foram referências centrais no trabalho. Recorri também a referências da antropologia jurídica, como Flávia Medeiros e Juliana Farias, para o auxílio na interpretação dos itinerários da justiça que produzem morte e silenciamento.

O trabalho está dividido em três capítulos. O primeiro, com uma análise das origens do Instituto Médico Legal da Bahia, destaca os elementos centrais para a formação da cultura institucional do órgão:

o positivismo cientificista, o policialismo e a burocracia em confronto direto com a cultura e os corpos negros. Introduzo também a história do bairro do Cabula, que viria a ser, anos depois, palco da chacina analisada.

A seguir, o segundo capítulo apresenta a teoria e a legislação para a construção de um laudo pericial e desdobra a estrutura da perícia no estado da Bahia, assim como começa a narrar, a partir dos depoimentos dos sobreviventes da chacina e do laudo de reprodução simulada, como ocorreu a Chacina do Cabula.

Por fim, o terceiro capítulo analisa os laudos periciais de lesões corporais dos sobreviventes e de um dos policiais militares atingidos, além dos laudos cadavéricos das vítimas da Chacina do Cabula e as comparações balísticas dos projéteis encontrados nos cadáveres. Com base nisso, trata da repercussão de todas essas provas periciais no processo criminal aberto contra os policiais autores dos disparos.

PARTE 1

ANTEPASSADOS E ANTECEDENTES: O IML E A CRISTALIZAÇÃO DO NEGRO COMO SÍMBOLO DA CRIMINALIDADE

O IML existe há pouco mais de cem anos no Brasil, porém, a história de uma instituição nunca começa em sua data de fundação. É preciso compreender, antes de tudo, aquilo que lhe serviu de alicerce e os seus símbolos. Entender a natureza do IMLNR, portanto, passa necessariamente por desbravar o instituto. Façamos, então, uma imersão em sua estrutura, desde sua porta da frente até atingir as suas origens.

Ao adentrar o território em que hoje está localizado o prédio do IMLNR, a primeira coisa que se vê é uma imponente árvore, com panos outrora brancos, hoje encardidos, amarrados ao redor do seu largo tronco. As ramificações que formam seu caule têm tal grossura que causam a impressão de que são várias árvores unidas. A copa da árvore está ao alcance das mãos, assim como os seus cipós, que também preenchem volumosamente o espaço vertical na sua longa altura. É uma árvore frondosa.

Fincada no seu canteiro, há uma placa azul com a mesma aparência das placas que sinalizam o nome das ruas da cidade de Salvador, timidamente indicando se tratar de um *Iròkó*. Está escrito: "*Iròkó*. Árvore de origem africana trazida para o Brasil nos navios negreiros. Sua madeira é considerada sagrada, divindade iorubana da hemoglobina que provoca a hemofilia, leucemia e menstruação. Botânica: *cloropnora excelsa* [*sic*]. Erò-Bí-Erò".

A presença dessa placa sugere um cuidado da instituição em informar minimamente o visitante a respeito da classificação biológica da árvore, além do seu significado sagrado e da sua origem africana. No entanto, uma leitura mais crítica dessa placa diz mais sobre o IMLNR do que sobre a árvore que ela acompanha. O que encontramos é aparência de cientificidade, desatenção e presunção de superioridade diante de elementos culturais negros.

Decerto, a referida árvore é um *Iròkó*, termo iorubá grafado como "Iroco" em português. Tal como o seu nome, também a árvore, de importância para diversas religiões de matriz africana e suas nações, precisou ser adaptada à realidade brasileira. Não é novidade que o aparato escravocrata era repleto de estratégias de desmantelamento de crenças, costumes e existências dos negros, obrigando-os a criar espaços de resistência. Afinal, foram arrancados para longe de suas terras, de seus povos, de suas religiosidades e de suas culturas, mas tais alicerces são essenciais para a afirmação como pessoas. Assim, uma das inventividades de resistência ocorreu com a ressignificação do Iroco.

O verdadeiro Iroco só existe no continente africano: a *milicia excelsa* ou *chlorophora excelsa* — nome que foi escrito incorretamente na placa do IML. Trata-se de uma árvore de altura imponente. Seu caule, porém, é cilíndrico e esguio. As ramificações dos galhos só aparecem na copa superior, quando folhas verdes de tamanho médio e frutos espinhosos e compridos a preenchem. Na diáspora, pela inexistência, na flora nativa, da planta considerada sagrada por povos da África ocidental, os praticantes das religiões de matriz africana precisaram adaptar sua crença às espécies encontradas nessa terra estrangeira. Acolheu-se, então, o Iroco em outras variedades de árvores. A árvore que reina em frente ao IML, por exemplo, é uma gameleira grande[1].

---

1. Consegui a identificação exata da espécie da árvore com a ajuda do Herbário Alexandre Leal Costa (ALCB), localizado no Instituto de Biologia da Universidade Federal da Bahia, com a ajuda das curadoras Nádia Roque e Maria Lenise Silva Guedes. Coletei cortes de um ramo terminal, folhas e frutos da árvore em frente ao IML, que foram examinados por Maria Lenise Silva Guedes em laboratório, que determinou tratar-se de uma *Ficus cyclophylla (Moraceae)*. É uma espécie que está em perigo de extinção, segundo a lista vermelha das espécies ameaçadas. A exsicata foi identificada e depositada no referido herbário, sob o número ALCB 141509. QUARESMA, A. G. P.

Segundo Roberval Marinho e Cléo Martins:

> No Novo Mundo, Iroco escolheu outras moradas sagradas: no Brasil reside geralmente em um tipo de gameleira, a *Ficus religiosa*, que pode viver mais de dois séculos; essa árvore, abundante na Bahia, abriga o orixá e nele se transforma, sendo absolutamente necessária para o culto das divindades afro-brasileiras. Mas não é somente gameleira que abriga Iroco nos candomblés brasileiros: em terreiros tradicionais angola do Rio de Janeiro, a exemplo do Tumba Insaba Junçara, Tempo reside nas mangueiras. No Maranhão, o Vodum Loco mora nas cajazeiras. [...] Em Cuba, Iroco é a ceiba, árvore abundante em todo território do país. Seu nome científico é *Ceiba pentandra* [...] (Martins, 2010, p. 34-35).

De fato, a riqueza do Iroco para as religiões afro-brasileiras não se limita à espécie que o representa — tanto que muitos tipos de árvores detêm essa sacralidade, podendo um nome iorubá ser dado a mais de uma espécie de planta (Verger, 1995, p. 29). A importância do Iroco reside na crença de ele ser um orixá[2] que governa o tempo e o espaço. E, ao contrário do que sinaliza a placa em frente ao IML — que coisifica essa relação de espiritualidade e coloca a sacralidade na madeira —, é a árvore da eternidade que determina o início e o fim de tudo, e que carrega os mistérios da vida e da morte. Segundo a mitologia, o Iroco é a ligação entre o *Aiê* (mundo terreno) e o *Orum* (mundo espiritual): foi por meio da árvore que os outros orixás desceram à terra. Dessa maneira, para os povos africanos que o cultuam, desrespeitar um Iroco significa desrespeitar toda a ancestralidade que por ele passou (Martins; Marinho, 2010).

---

2. Há certa divergência entre as nações de candomblé quanto à árvore ser o próprio orixá Iroco ou ser habitada por tal orixá como assento. Ver mais em: Martins e Marinho (2010, p. 34-35).

Essa ancestralidade também inclui os antepassados dos vivos, já que o Iroco é lugar de encontro e passagem de mortos, sendo frequentado pelo orixá Icú, a morte. Não à toa, segundo Martins e Marinho (2010, p. 50-51), era costume na África colocar os cadáveres dos familiares nos orifícios e entrâncias dos troncos dos Irocos, dando à árvore o apelido de "árvore cemitério"[3]. Com o passar dos anos, quando esse hábito se tornou impraticável do ponto de vista sanitário, os rituais fúnebres dos *axexês, sirruns* e *mucondos* começaram a ser realizados nos pés do Iroco, antes de enterrar os corpos dos entes queridos (Martins; Marinho, 2010, p. 51). Não à toa, a árvore é vestida com tecidos brancos, chamados de *ojás,* por ser essa a cor do luto usada nesses rituais e nos demais ritos de passagem (Martins; Marinho, 2010, p. 55).

Embora a sabedoria africana ponha o Iroco como orixá de cura responsável pela saúde, trabalhando conjuntamente com Obaluaiê, ela também o considera capaz de causar doenças como leucemia e hemofilia, de interferir no início de uma gravidez ou de fazer a menstruação aparecer fora de época (Martins; Marinho, 2010, p. 51). Ocorre que, da maneira como tal informação foi colocada na placa aos pés do Iroco do IML, o poder da divindade Iroco foi reduzido e objetificado. Percebe-se uma tentativa de explicar cientificamente seu poder sobrenatural ao apresentar a hemoglobina como protagonista, ocasionando, implicitamente, uma racionalização, dentro da lógica ocidental, dos milagres vinculados ao orixá. Ademais, há um atrelamento do orixá ao mal, na medida em que se ressalta apenas a influência do Iroco para adoecer as pessoas, omitindo o seu lado benfeitor.

---

3. Fernando Batista dos Santos interpela essa informação, pois, segundo ele, não há nenhuma outra referência desse dado na literatura estrangeira ou nacional. A árvore chamada de "árvore-cemitério", principalmente no Senegal, no Zimbábue e na Nigéria, em verdade se trata do baobá. Ver mais em: SANTOS, Fernando Batista dos. Igí Osé no reino de Obaràyí: uma etnografia acerca da presença do baobá no Ilê Axé Opô Aganju, Bahia. 2016. 282 f. Dissertação (Mestrado em Antropologia) — Universidade Federal de Pernambuco, Pernambuco, 2016, p. 114-115.

Vilson Caetano de Sousa Júnior lembra que o estereótipo criado para o candomblé e as demais religiões de matriz africana as associou a arquétipos negativos, de cunho demoníaco, e lhes imputou a produção de malefícios e feitiços malévolos, de modo que a religião e os seus praticantes foram estigmatizados, perseguidos e criminalizados como transgressores dos "bons costumes" (Sousa Júnior, 2018). Como veremos, a medicina legal e o IML participaram na formação desse pensamento de caráter racista.

Conhecer os aspectos cultural e mitológico da árvore-orixá abre espaço para reflexões a respeito da simbologia e dos sentidos de se ter um pé de Iroco em frente ao órgão responsável por dar conta de grande parte dos mortos de Salvador e Região Metropolitana. Para potencializar esses questionamentos e entender a fundo a estruturação racista do IML, é preciso entender que o órgão foi construído — literalmente — sobre território negro.

A parte que lhe cabe nesse latifúndio: terreiro, desterro e IML

Os terreiros mais antigos da Bahia foram criados pelos descendentes dos iorubás, que seguiram a tradição de ter um Iroco consagrado na roça de candomblé (Martins; Marinho, 2010, p. 36). Não foi diferente com o Terreiro Língua de Vaca, que estava assentado nas terras em que foi erguido o atual IML. Isso explica a razão de, após a desapropriação do terreiro, em meados da década de 1970, para a construção do complexo do Departamento de Polícia Técnica da Bahia, ter restado "apenas" a árvore ancestral (Sousa Júnior, 2019, p. 26).

O Terreiro Língua de Vaca foi fundado, entre o final do século XIX e início do século XX, por Júlia Maria da Pureza — ou Maria Júlia da Pureza, como também é referenciada em alguns documentos oficiais, embora, no mundo do candomblé, fosse conhecida e reverenciada como Júlia Bugan. Nesse mesmo período, foi criado o Instituto Médico Legal da Bahia, em 1905, no Terreiro de Jesus, Pelourinho. Presumo que D. Júlia, naquele momento, não imaginaria que a história de ambos se entrelaçaria tão intimamente.

De acordo com a pesquisa de Vilson Caetano, Júlia Bugan nasceu no ano de 1867. Era preta, doméstica, e casou-se, segundo consta em sua guia de sepultamento, no cemitério Campo Santo (Sousa Júnior, 2018, p. 197). Também se sabe que a ialorixá não sabia ler nem escrever (Sousa Júnior, 2018, p. 198), visto que os documentos encontrados pelo pesquisador no Arquivo Público da Bahia foram todos assinados a rogo. É importante observar que D. Júlia nasceu no período do estatuto legal da escravidão, antes mesmo da entrada em vigor da Lei do Ventre Livre[4], de modo que seu corpo negro, mesmo que fosse legalmente livre antes de 1888 por qualquer motivo, era especialmente visado, estigmatizado, vigiado e tratado como coisa.

Apesar de todas as forças contrárias, na data de 10 de outubro de 1902, D. Júlia aparece em uma escritura pública como proprietária de uma casa no distrito da Vitória (APEB, 2018, p. 198). Outro documento da mesma natureza nos informa que tal imóvel foi arrendado à pessoa de Antônio Correia, na data de 19 de novembro de 1908 (APEB, 2018, p. 199). Para Vilson Caetano, "isso nos leva a crer que ela já havia arrendado os 714 m^2 da Fazenda Garcia no lugar denominado Língua de Vaca para fazer o seu candomblé entre finais do século XIX e início do século XX" (Sousa Júnior, 2018, p. 198-199).

Tais informações são extremamente relevantes para encontrar uma data aproximada da mudança de Júlia Bugan para o terreno em que fundou o Terreiro Língua de Vaca. No ano seguinte ao arrendamento

4. A Lei nº 2.040, de 28 de setembro de 1871, conhecida como Lei do Ventre Livre, declara a condição de livre para os filhos de mulher escravizada que nasceram desde a data dessa lei, entre outras providências.

da casa, em 24 de dezembro de 1909, quando se supõe que já estivesse estabelecida e fazendo morada no terreiro, ela a vende de forma definitiva (APEB, 2018, p. 198). Uma ação judicial encontrada no Arquivo Público do Estado da Bahia possibilita deduzir esse dado. Em 1955, em uma ação de reintegração possessória procedente para os sucessores do terreiro, as testemunhas afirmavam que "a dona das terras já teria estado ali aproximadamente há cinquenta anos" (APEB, 2018, p. 193).

Essas mesmas testemunhas nos dão uma ideia de como estava organizado o terreiro de D. Julia Bugan: o terreno era dividido dos arrendamentos fronteiriços por uma cerca viva de gravatás (APEB, 2018, p. 193). Também é descrita a existência de "três casas de taipa, um barracão e plantações de árvores frutíferas: mangueiras, bananeira, abacateiro e jaqueira" (APEB, 2018, p. 195-196). Além disso, apesar de não citado pelas testemunhas, também se sabe, com base nos demais documentos, da existência do frondoso Iroco naquele terreno.

Durante o processo, é notório que não houve qualquer menção ao candomblé nem à existência de uma comunidade religiosa no local (APEB, 2018, p. 196), o que pode ser facilmente explicado pela perseguição que as religiões de matriz africana sofreram de forma oficial, principalmente na época da ação judicial, com o funcionamento da Delegacia de Jogos e Costumes[5]. Apesar disso, o candomblé de D. Júlia era publicamente conhecido e tinha grande prestígio entre os seus.

5. A Delegacia de Jogos e Costumes foi criada no ano de 1938, a partir do Decreto nº 10.534/1938. O intuito era criar novas condutas sociais, de modo a tutelar os moradores da Bahia a ter costumes ditos mais urbanos e civilizados. Com a constante vigilância do aparato repressivo policial, os candomblés foram um dos principais alvos. As instituições religiosas necessitavam se licenciar na referida delegacia para funcionar, além de pedir autorização para todas as festas e cerimônias realizadas nos terreiros. Batidas policiais, apreensões e fechamentos de terreiros se tornaram comuns e eram arbitrários. Ver mais em: Sousa Júnior (2018).

O Língua de Vaca estava próximo ao candomblé do Gantois, onde Nina Rodrigues concentrou os seus estudos e pesquisas no mesmo período do sacerdócio de Júlia Bugan. Não à toa, em várias passagens do livro "O animismo fetichista dos negros bahianos", publicado em 1896, na Revista Brasileira, Rodrigues situa o "candomblé do Garcia" como um dos mais afamados, ao lado do Engenho Velho e o próprio Gantois (Rodrigues, 1935, p. 62). De fato, a continuidade das boas relações entre o Terreiro Língua de Vaca e o Gantois foram atestadas por outras fontes. A jornalista e antropóloga Cleidiana Ramos, em uma edição do jornal A Tarde, no dia 29 de julho de 2007, relata trechos de um depoimento da filha do Iroco Egbomi Cidália, conhecida como Cidalinha do Gantois:

> Ainda jovem ebomi Cidália presenciava a recepção a um grupo de sacerdotisas que vinha do terreiro ijexa comandado por mãe Julia Bugan. Isso acontecia no quinto dia da festa em homenagem a Oxun, divindade a quem mãe Menininha era consagrada. Era uma espécie de cortesia entre terreiros de tradições diferentes [...]. Na década de 1940, de lá partia a procissão formada por sacerdotisas, tocando pequenos tambores chamados ilubadami, além de uma cabaça totalmente preparada para a música: o xequerê, em direção ao Gantois. Elas iam vestidas a rigor, dançando [...]. Chegando ao Gantois, o grupo era recebido por Mãe Menininha do Gantois. Neste dia o terreiro deixava o toque ritual ketu pelo ijexá, adotado para tudo o que se tocava no Gantois neste dia, em saudações aos orixás: era uma gentileza com a nação visitante. A festa religiosa era encerrada em clima de confraternização com um grande almoço festivo. Era uma cerimônia linda, completa Ebomi Cidália (Ramos, 2007).

Tal mudança de nação ou troca de ritual do Terreiro do Gantois, que é de nação ketu, para os batuques da nação ijexá, linha que o Terreiro Língua de Vaca seguia, é uma demonstração de gentileza e, principalmente, de respeito de uma matriarca para outra (Bastide, 1971, p. 306). Esse relato é ilustrativo da deferência que Júlia Bugan tinha para com a comunidade dos povos de santo. Corroborando com essa análise, Donald Pierson refere-se ao Língua de Vaca como um dos "puros candomblés nagôs, que foi organizado por pretos de origem igexá e egbá" (Pierson, 1971, p. 306).

Segundo Nina Rodrigues, a presença significativa de africanos — na maioria trazidos de Oyó e de Ijexá, territórios iorubá no atual oeste da Nigéria — em Salvador no final do século XIX fez com que essas nações tivessem um papel significativo na vida cultural, social, política, econômica e espiritual da cidade (Rodrigues, 1945, p. 178). O terreiro de D. Júlia Bugan não foge a isso, afinal, foi a matriarca que iniciou a tradição de dar presentes a Iemanjá nas praias do Rio Vermelho, conjuntamente aos pescadores (Costa, 2019, p. 13-14). Nesse sentido, vejamos o que relata Antônio Monteiro em matéria de 1956 para o jornal A Tarde:

> Na noite do primeiro de fevereiro, Julia Bugan reunia os ogans e filhas de santo, para oferecimento do bori à cabeça. O pessoal da casa se ocupava na confecção do grande balaio de cipó de bambu que conduzia uma talha de barro cheia de oferendas para a Rainha das águas. No dia dois, antes do presente sair, o povo assiste ao toque do candomblé num carramanchão de folhas de dendezeiro ao lado da Casinha do Peso, no Rio Vermelho [...]. Dentro da Casinha do Peso, ficam alguns peixeiros e filhas de santo do candomblé da finada Julia Bugan e Himilia da Língua de Vaca que vão recebendo os presentes vindos do povo, arrumando cuidadosamente na porta da casinha (Monteiro, 1956).

Com o nome eternizado e fincado na memória baiana, às 10 horas do dia 22 de agosto de 1929, Júlia Maria da Pureza, a Júlia Bugan, faleceu na sua casa, no Terreiro Língua de Vaca (Sousa Júnior, 2019, p. 38). A nação ijexá possui um ritual específico para lidar com a morte, de um único dia, um carrego[6], com muita comida e dança. Não há uma cerimônia fúnebre de sete dias, como acontece nas outras nações. Nessa tradição não se faz *axexê*[7]. No entanto, não se tem notícias nem foram encontrados documentos a respeito do ritual fúnebre de D. Júlia Bugan.

Três anos após a morte de D. Júlia Bugan, sua sucessora Maria Emília da Conceição, a Mãe Emília, tratou de colocar em dia os pagamentos do arrendamento feito pela antiga rendeira, para que o Terreiro Língua de Vaca continuasse no terreno da Fazenda Garcia. Desse modo, no dia 12 de outubro de 1932, Maria Emília pagou em nome de Júlia Bugan a quantia correspondente a 24 meses de renda do terreno à rua Língua de Vaca, nº 11 (Sousa Júnior, 2018, p. 195).

---

6. Segundo Sousa Júnior: "Chama-se carrego tudo o que o morto reclama. O carrego reúne desde roupas, comidas preferidas, a objetos pessoais do ente querido. O carrego também chamado de iru é a própria pessoa. Acredita-se que antes de enviar o carrego, ou "sair o carrego", a morte continua entre os vivos e o ente querido não encontra o caminho de volta para o mundo dos antepassados. [...] Fala-se também que por ocasião da morte de um pai ou uma mãe de santo, os santos ijexás retornam para sua terra, sendo necessária a renovação de todo o axé, o que é feito numa cerimônia chamada Otun". Ver mais em: Sousa Júnior (2019, p.144-145).

7. Axexê (nação Iorubá), Sirum (povo Fon), Mukundu/Ntambi (nação Bantu) é uma cerimônia que integra o ritual fúnebre de uma pessoa iniciada no candomblé. É o processo de desfazimento do santo, a fim de liberar o orixá protetor do falecido. Ver mais em: BANDEIRA, Luís Claudio Cardoso. A morte e o culto aos ancestrais nas religiões afro-brasileiras. Revista Último Andar (19), 1-70, 2º Semestre, 2010.

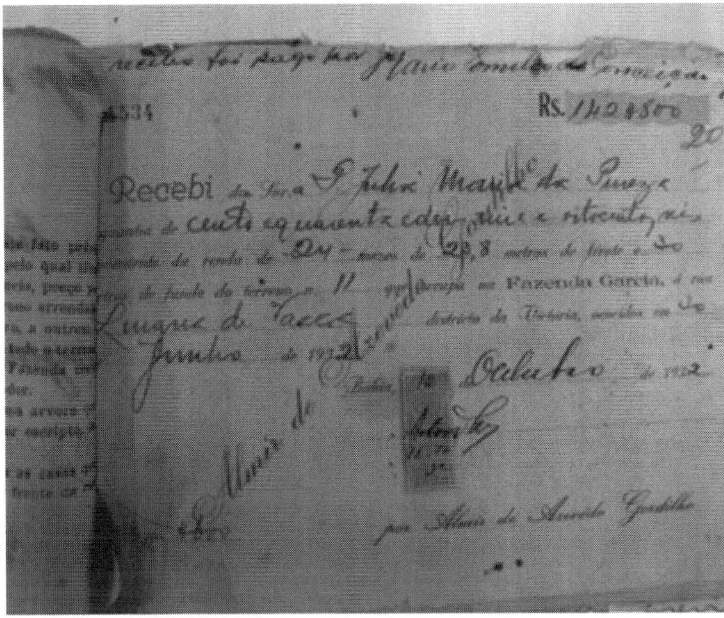

Recibo em nome de Maria Júlia da Pureza, fundadora do Terreiro Língua de Vaca (Sousa Júnior, 2018, p. 288).

Mãe Emília nasceu em 1883. Era preta, solteira, filha de Xangô e vendedora ambulante (ganhadeira) (Sousa Júnior, 2019, p. 38). Desde antes da morte de Júlia Bugan, já frequentava e morava no Língua de Vaca (APEB, 2018, p. 195). Sabe-se que a nova Ialorixá continuou com a tradição criada por D. Júlia, tornando-se responsável por organizar os festejos para Iemanjá no Rio Vermelho (Sousa Júnior, 2019, p. 38).

Infelizmente, não se tem muitas notícias a respeito dos seus feitos como mãe de santo à frente do Terreiro Língua de Vaca, porém, era bastante prestigiosa no meio das religiões de matriz africana. O sociólogo Roger Bastide registrou seu enterro:

> Durante a minha estada na Bahia, morreu uma mãe de santo particularmente estimada e assisti ao seu enterro. Evidentemente a cidade de Salvador já assistiu a enterros mais belos com acompanhamento de tamborizinhos chamados 'ilu', mas o de D. Emília não deixou de ter um esplendor sombrio (Bastide, 1945, p. 100).

> [...] sob o sol ardente da tarde, ao longo do caminho poeirento que vai da Língua de Vaca até o cemitério do Campo Santo, o caixão foi carregado por negros robustos, seguido pela multidão de fiéis... (Bastide, 1978, p. 16).

Maria Emília da Conceição morreu em consequência de um câncer na mama esquerda, na sua residência no Terreiro Língua de Vaca, no dia 30 de janeiro de 1944 (Sousa Júnior, 1945, p. 38) — às vésperas da festa de Iemanjá, portanto. Em seu relato sobre essa festa, Bastide menciona que Joana de Ogum ficara muito abalada ao escutar, dos pescadores, que as oferendas estavam boiando, levando-a a crer que, em luto por Mãe Emília, Iemanjá não aceitara o presente (Bastide, 1945, p. 124).

Quem sucedeu Mãe Emília na liderança do labor religioso foi Manoel Patrocínio da Conceição, seu filho consanguíneo, que, assim como sua mãe havia feito antes, colocou em dia os débitos referentes ao arrendamento do terreno do Língua de Vaca (Sousa Júnior, 2018, p. 195). Assim, após cinco meses do falecimento de Mãe Emília, foram quitadas as anuidades correspondentes ao período de 1935 a 1944, à pessoa de Úrsula Martins Catharino (Sousa Júnior, 2018, p. 194).

Manoel nasceu em 9 de março de 1902, era preto, tinha olhos castanhos, bigode escuro e barba raspada. Carpinteiro e casado com Francisca Maria Costa, residia ao lado do terreiro (Sousa Júnior, 2018, p. 196-197). Foi Manoel quem deu entrada na mencionada ação possessória vitoriosa em 1955, através da qual acusou um vizinho de invadir o terreno do Língua de Vaca, derrubar algumas árvores e destruir a cerca que separava o seu terreno do local religioso (APEB, 2018, p. 195).

Apesar de ter vencido a batalha judicial pelo direito de manter a sua posse no terreno à rua Língua de Vaca, nº 11, Manoel do Patrocínio diversas vezes foi vítima de abusos de autoridade, principalmente por parte da Delegacia de Jogos e Costumes (DJC). Sousa Júnior traz à tona uma notificação do Livro de Registros de Queixas dessa delegacia, mediante a qual o comissário Osório Vilas Bôas interrompe as cerimônias do terreiro no dia 1º de junho de 1948 (Sousa Júnior, 2018, p. 192).

> Às 23 horas fomos informados pela Primeira Delegacia da existência de um candomblé na Fazenda Garcia em um lugar de nome Língua de Vaca na casa nº 12 [sic] Distrito da Vitória, pertencente à Francisca Maria Costa e Manoel Patrocínio Conceição sem a licença necessária fornecida por esta Delegacia, além dos frequentadores estarem embriagados provocando desordens. Em companhia do Comissário Osório Vilas Bôas encontrava-se o Sr. Dr. Delegado que mandou acabar com o mesmo, fazendo apreensão de dois (2) atabaques os quais se acham a disposição de V. S neste Comissariado (APEB, 2018, p. 192-193).

Sousa Júnior é cético a respeito das informações lavradas, tendo em vista que a apreensão de objetos nos terreiros, costumeira, não era usualmente mencionada nos registros oficiais. Na maioria das vezes, os objetos sequer eram entregues em delegacias (Sousa Júnior, 2018, p. 193). Tais ocorrências estavam mais atreladas às práticas não oficiais motivadas por interesses escusos, chamadas de porão — de que todos sabiam, mas que não deixavam rastros na burocracia produzida (Gaspari, 2002, p. 26):

> Aos poucos fomos percebendo que as notificações e queixas, a sua maioria giravam em torno do barulho provocado pelos atabaques; traziam notícias de pessoas apanhadas nas ruas colocando bozós; informavam sobre vizinhos queixando-se de feitiços largados na porta de suas casas e reclusão de crianças na camarinha. Bem longe se passava as narrativas

> de invasão, destruição e apreensão de objetos sagrados do candomblé, que tanto se tem notícia e permanece viva na memória das principais lideranças. Sobre isso, as fontes consultadas silenciavam e distorciam sistematicamente a realidade social (APEB, 2018, p. 19).

As brechas das omissões e dos desvios dos caminhos oficiais da cadeia de custódia permitiam, aliás, que muitos objetos apreendidos acabassem chegando às mãos de colecionadores. Entre eles, Nina Rodrigues (Sousa Júnior, 2018, p. 22). Assim, o primeiro museu médico-legal do Brasil, o Museu Criminal do Estado na Faculdade de Medicina da Bahia, foi inaugurado em 1901 com um acervo que reunia objetos litúrgicos extraviados da sua origem sagrada e artificialmente dispostos como vestígios criminais. As peças também foram expostas no Museu Antropológico e Etnográfico Estácio de Lima no IMLNR[8].

Ademais, nas questionáveis documentações oficiais da referida "batida policial" (Sousa Júnior, 2018, p. 42), consta que ela seria motivada pela falta de autorização para funcionamento do terreiro, quando, em verdade, o Língua de Vaca estava com a documentação em dia. Afinal, na lista fornecida pela polícia dos terreiros da Bahia, presente no anexo do livro "Imagens do Nordeste Místico em Branco e Preto", de Roger Bastide, encontra-se a citação que evidencia o registro do Terreiro Língua de Vaca na polícia desde os tempos de Mãe Emília (Bastide, 1945).

8. Anos depois da inauguração do Museu Criminal do Estado, em 1979, seu acervo foi transferido para o Museu Antropológico e Etnográfico Estácio de Lima no Instituto Médico Legal Nina Rodrigues. Na coleção, era possível encontrar cabeças, caveiras e partes do corpo humano de pessoas negras e indígenas, além de artefatos sagrados, utilitários e de ornamentações, de origem afro-brasileira e indígena, entre outros. Ver mais em: SERRA, Ordep. A tenacidade do racismo. Relatório apresentado à Koinonia Presença Ecumênica e Serviço a respeito do caso do Museu Estácio de Lima e de outras agressões à memória dos cultos Afro-Brasileiros, 2011.

Em vista disso, podemos inferir que o verdadeiro motivo para o avanço policial sobre o Terreiro Língua de Vaca foi a criação de um ambiente hostil aos frequentadores do terreiro, a fim de que eles saíssem daquele local. Não à toa, em maio de 1947 foi publicado o Decreto Estadual de Desapropriação n° 13.585 (Bahia, 1947), forçando os moradores a deixarem toda a região onde está localizado o terreiro.

Não obstante a resistência a tantas investidas contra a sua existência, o Terreiro Língua de Vaca acabou desapropriado do terreno da Fazenda Garcia. A área onde funcionava o terreiro, na rua Língua de Vaca, nº 11, deu lugar à construção do Departamento de Polícia Técnica, que foi inaugurado em março de 1979.

De certo, é nebuloso o processo de retirada do terreiro e das demais famílias que ocupavam o local. Após muitas solicitações minhas, através da Lei de Acesso à Informação[9], para desvendar como ocorreu a desapropriação, o Estado da Bahia apenas informou que a escritura pública destacava que a desapropriação ocorreu de forma "amigável", não havendo maiores informações a respeito de indenizações ou do procedimento de retirada dos moradores do local. Assim, embora seja plausível supor que o processo aconteceu de forma impositiva e desrespeitosa com os trâmites religiosos e culturais, e no intuito de interromper as atividades do terreiro, não foi possível acessar os registros para buscar uma confirmação.

Mais uma omissão dos livros oficiais, mais uma prática nos porões da história. Era o fim do Terreiro Língua de Vaca. Permaneceu, apesar disso, o Iroco, que, por conta da expulsão do terreiro daquelas terras,

---

9. Foram realizados pedidos de acesso à informação à Ouvidoria Geral do Estado da Bahia (OGE), conforme o art. 9 §1°, da Lei Estadual 12.618/12, quanto ao processo de desapropriação. No entanto, tais pedidos restaram infrutíferos, sob alegação de o Estado "não manter guarda deste tipo de documento". Os protocolos das demandas feitas são: 2486685, 2441626 e 2557801. Foi necessário a reabertura do chamado via recurso para que gerassem um processo eletrônico no sistema SEI Bahia, sob o n° 009.0205.2022.0004649-19, para conseguir parcas informações, como o número do decreto de desapropriação e a informação de que essa ocorreu de forma "amigável".

passou por um longo período de abandono das obrigações ritualísticas. Contudo, o plano espiritual logo foi reorganizado graças à Egbomi Cidália Soledade Barbosa, conhecida como Cidalinha do Gantois, que tinha sua cabeça consagrada ao orixá e recebeu um chamado para cuidar do seu *ori*[10]. Tais cuidados incluem as obrigações anuais com o Iroco de fazer a troca dos *ojás* de tecido branco, formando um laço que envolve a árvore como um abraço, além de alimentar o orixá com oferendas de suas comidas preferidas e um banho de folhas (Martins; Marinho, 2010, p. 60). E assim Egbomi Cidália o fez (Sousa Júnior, 2019, p. 27).

Após o falecimento de Egbomi Cidalinha do Gantois, no ano de 2012, as ritualísticas foram se tornando mais escassas e tímidas. Depois de mais de dois anos[11] de desídia, o Babalorixá Air José de Sousa, o Pai Air Bisilola, do Terreiro Pilão de Prata, assumiu a responsabilidade pela cerimônia anual (Ramos, 2021), após ser procurado pela diretoria do IML (Sousa, 2021). Em conversa (Sousa, 2021), o Babalorixá explicou que a desativação do Terreiro Língua de Vaca foi feita de forma abrupta e desrespeitosa com a ancestralidade daquele terreiro, de modo que o Iroco sofria as consequências do abandono espiritual. Pai Air Bisilola

10. *Ori* é uma palavra iorubá que significa cabeça. Para as religiões de matriz africana, o *ori* está ligado ao primeiro orixá do inconsciente do indivíduo. O orixá, por saber o destino do seu filho, guia, conduz e acompanha a jornada do sujeito no mundo terreno até a passagem para o mundo espiritual, ajudando-o a cumprir com o seu destino. Ver mais em: JAGÚN, Márcio de. Ori: a cabeça como divindade. Rio de Janeiro: Litteris, 2015.

11. Esse tempo de dois anos, relatado pelo Pai Air José de Sousa, não é o tempo datado, mas o tempo do terreiro. Como explica Muniz Sodré, o Pensar Nagô não está atrelado a datas ou ao realismo obsessivo dos fatos, mas a uma narrativa de uma experiência existencial e ancestral. Em verdade, em tempo calendarizado, o Iroco ficou apenas poucos meses sem o cuidado ritualístico, mas se o pai de santo relata que na sua cosmovisão se pareceram dois anos, é de se imaginar o estado espiritual que se encontrava aquele Iroco. Para ler mais sobre a cosmovisão do tempo de terreiro: SODRÉ, Muniz. Exu inventa o seu tempo. *In*: SODRÉ, Muniz. Pensar Nagô. Petrópolis, RJ: Vozes, 2017, p. 203-228

relatou que a Egbomi Cidália sanou as desonras ao orixá após muito tempo servindo à entidade que ali residia, podendo-se dizer que, graças à diligência e aos cuidados dessa mulher preta, "o Iroco agora está em paz" (Sousa, 2021).

Essa breve introdução acerca da história do Iroco e do Terreiro Língua de Vaca é uma porta de acesso para se compreender a história do IMLNR e sua relação com o povo negro. Como se pode perceber, os lastros do positivismo cientificista e da burocracia estão em confronto direto com a cultura e os corpos negros, vistos como obstáculos a serem ultrapassados e anulados.

Tal qual os crimes perpetrados às escondidas nas comunidades negras de Salvador, os desvios e os desmandos perante o povo de santo não são registrados nos livros oficiais. É a violência lastimavelmente tratada como corriqueira, natural e necessária para o progresso, suposto valor que é sustentado com a cultura negra aterrada no solo e os corpos negros como clientes preferenciais do IML. Como pontua João Vargas, o povo negro não é violentado pelo que faz, mas pelo que é. Assim, para as pessoas negras, não se trata de se perguntar se serão brutalizados, mas quando (Vargas, 2017, p. 93).

Falar da desapropriação do Terreiro Língua de Vaca e da maneira como ela foi praticada é fundamental para que não seja silenciado um fato: o de que o racismo no IML não se limita ao manuseio dos corpos de maioria preta nas suas salas de necrópsia e de exame de corpo de delito, mas se inicia com a própria edificação do prédio. Essa história estaria incompleta sem este capítulo, que não pode ser tomado como menor. Afinal, é no lastro desse tipo de paradigma que as práticas vão se impondo ao próprio instituto e o conduzindo a partir de premissas positivistas e racistas, tal qual as responsáveis por autorizar a desapropriação.

Jalecos brancos e a medicina legal no Brasil: a construção do corpo negro como objeto institucional

A medicina legal, conforme definiu Genival França (França, 2017, p. 2), não chega a ser uma especialidade médica, e sim uma área que aplica os diversos saberes da medicina às necessidades e solicitações do direito. Trata-se de uma ciência experimental e dedutiva eminentemente jurídica, uma vez que as suas conclusões são probabilísticas e utilizadas perante a justiça.

Não há evidências que permitam precisar o marco inicial da medicina legal. Todavia, seu desenvolvimento mais acelerado coincidiu com o apogeu do pensamento positivista científico[12]. O positivismo sustenta a noção de que existem leis gerais que determinam os fenômenos observados. Assim, defende ser possível descobrir essas leis pelo método indutivo — observação, formulação de hipóteses e reprodução experimental — e conferir uma cientificidade de caráter determinista para tais achados (Andrade, 1994, p. 61).

O positivismo não se limitou a adotar esse programa nas ciências da natureza, estendendo-o ao estudo do social. No entanto, a aplicação de leis universais aos fenômenos sociais tem como consequência política o direcionamento da produção científica aos interesses valorados pelas classes dominantes, pois tem como ponto de partida premissas enviesadas. Nesse sentido, Richard Quinney afirma: "o positivista toma

---

12. O positivismo científico é uma concepção filosófica que considera a ciência a única forma válida de acesso ao conhecimento e para a evolução humana. Do mesmo modo, as ciências se apresentam como um sistema de procedimentos e proposições construídas e verificadas através de um método que é, *per si*, científico. Sobre positivismo ver: DUARTE, Evandro Charles Piza. Criminologia e racismo: introdução ao processo de recepção das teorias criminológicas no Brasil. 1988. 415 f. Dissertação (Mestrado em Direito) — Universidade Federal de Santa Catarina, Santa Catarina, 1988.

como dada a ideologia dominante, que enfatiza a racionalidade burocrática, a tecnologia moderna, a autoridade centralizada e o controle científico" (Quinney, 1974, p. 4).

Não à toa, o positivismo criminológico despontou como a principal teoria médico-legal. A partir do que ficou conhecido como paradigma etiológico[13], buscou-se a construção de um discurso dito científico que trouxesse causas explicativas às práticas criminosas dos indivíduos. A valoração determinista de que a periculosidade é inata a alguns indivíduos serviu como base para que se procurasse em elementos fisionômicos como medidas corporais e traços fenotípicos o atestado da propensão ao crime e à loucura. No dizer de Zaffaroni, o positivismo científico é "o resultado da aliança do discurso biologista médico com o poder policial urbano europeu" (Zaffaroni, 2013, p. 82).

Com essa base político-teórica, os saberes da Medicina Legal se voltaram para a identificação de um suposto perfil de criminoso, iniciando uma vigilância biométrica totalmente racializada. Esse arranjo, na prática, consistia em utilizar características biológicas, psicológicas, hereditárias e comportamentais de povos não europeus e não brancos, a fim de justificar por que determinados grupos étnico-raciais — negros e indígenas, principalmente — cometiam mais crimes.

Ainda sobre a criminologia positivista, Zaffaroni completa:

> Dito de forma mais crua e extremamente sintética, podemos afirmar que começou décadas antes de Lombroso, com os médicos que lançaram as primeiras teorias que pretendiam

---

13. O paradigma etiológico pressupõe uma noção ontológica da criminalidade: o crime é um dado natural pré-constituído às definições legais e reações institucionais. Para essa teoria, a Criminologia deve se interessar pela descoberta das causas da criminalidade e do comportamento criminoso, colocando-se a serviço do combate ao crime como forma de defesa da sociedade. Ver: ANDRADE. Do paradigma etiológico ao paradigma da reação social: mudança e permanência de paradigmas criminológicos na ciência e no senso comum. Revista CCJ/UFSC, nº 30, p. 24-36, ano 16, junho de 1995.

> expor uma etiologia orgânica do delito — e, ao mesmo tempo, a inferioridade dos colonizados —, e terminou nos campos de extermínio nazistas (Zaffaroni, 2013).

Dessa maneira, Zaffaroni nos mostra que não se tratou de um novo paradigma de um autor nem sequer de um *modus operandi* inédito, posto que o uso de teorias do direito natural, do catequismo, da superioridade branca, da tendência à criminalidade e da eugenia já haviam servido de justificativa para a escravidão, para o colonialismo e para o neocolonialismo. De forma concreta, observa-se que as práticas e teorias de imposição da força a partir do paradigma positivista foram absorvidas e incrementadas nas práticas institucionais desde então, cristalizando o corpo negro como símbolo da criminalidade (Zaffaroni, 2013, p. 75) e destinando-o a ser domesticado, vigiado, capturado, cerceado de liberdade e morto.

Nesse contexto de positivismo criminológico e apogeu das ciências médicas e biologizantes, em que se utilizavam os conhecimentos médicos para justificar os interesses imperialistas, em 1818 foi inaugurado o primeiro IML, na cidade austríaca de Viena (Del-campo, 2006, p. 8). A partir de então, tais institutos foram criados e acessados de maneiras diversas e particulares a cada país.

No Brasil do período colonial, é certo que não houve grandes trabalhos científicos na área médica forense, apenas produções isoladas de alguns documentos médico-legais. No entanto, depois que o país alcançou a independência, em pleno auge da Medicina Legal no mundo ocidental, a produção médico-forense local acompanhou esses desenvolvimentos, superando a inércia do período sob domínio de Portugal. O médico Oscar Freire propôs dividir a progressão científica da medicina legal no Brasil em três fases: estrangeira, prática e nacionalizadora (Gomes, 1987, p. 22).

A fase estrangeira consistia na réplica e tradução literal da produção científica advinda, principalmente, da França, da Itália e da Alemanha, não passando de uma importação acrítica do material europeu. Noutro giro, foi no período regencial, alguns anos após a declaração da independência do Brasil, que, em 1832, a medicina legal se tornou disciplina obrigatória para formação em Medicina (Gomes, 1987, p. 22) — em Direito, isso ocorreu apenas em 1891 (Ferreira, 2020, p. 42). Também em 1832, foi estruturado o Código de Processo Penal (Imperio do Brazil, 1831), que regulamentou o exame de corpo de delito e a perícia criminal, institutos que, apesar de previstos desde o Código Penal de 1830 (Imperio do Brazil, 1831), ainda não possuíam especificações a respeito dos procedimentos para a necessária consulta do juiz aos médicos antes do proferimento de uma sentença.

Ainda no ano de 1832, as antigas Escolas Médico-Cirúrgicas da Bahia e do Rio de Janeiro, criadas por D. João VI, em 1808, foram transformadas em faculdades (Imperio do Brazil, 1932). Nesse momento, além da regulamentação processual dos marcos normativos, houve a formalização do ensino médico no Brasil, o que aumentou o interesse pela matéria e proporcionou o crescimento de publicações científicas na área.

Finalmente, em 1835, foi publicado o primeiro exame necroscópico no país, realizado por um cirurgião da família imperial no cadáver do regente João Bráulio Moniz, com a intenção de investigar a causa do seu falecimento (Fávero, 1975, p. 20-21). Já em 1839, surgiram os primeiros trabalhos finais de curso em medicina legal nas Faculdades de Medicina da Bahia e do Rio de Janeiro, que realizaram revisões bibliográficas de obras estrangeiras (Gomes, 1987, p. 23).

Foi somente no ano de 1850 que a medicina legal passou a ser utilizada para assessorar oficialmente a Secretaria de Polícia da Corte, com a realização de exames de corpo de delito e quaisquer outros procedimentos necessários à averiguação de crimes e fatos suspeitos (Coêlho, 2010, p. 355-362). Em 1856, foi criada, no Rio de Janeiro, junto à mesma secretaria, a Assessoria Médico-Legal (Imperio do Brazil, 1856), que se constituiu em um piloto do que viriam a ser os Institutos Médico-Legais brasileiros. No órgão, havia quatro médicos responsáveis, sendo dois deles membros efetivos, aos quais eram designados os exames de corpo de delito propriamente ditos, inclusas as necrópsias; os outros dois profissionais, na condição de professores à frente da cadeira de Medicina Legal na Faculdade de Medicina do Rio de Janeiro, ocupavam o cargo de consultores da Polícia da Corte e realizavam os exames toxicológicos (Aldé, 2003, p. 17).

Ainda em 1856, foi constituído o primeiro Necrotério do Rio de Janeiro, no local onde antes funcionara o Depósito de Mortos da Gamboa, que era usado para *guardar* cadáveres de escravizados, indigentes e presidiários enquanto não havia destinação para os corpos (Aldé, 2003, p. 17). Considerando o violento contexto escravagista no qual o Brasil estava imerso, ainda que tenha havido apenas uma renomeação do local (de Depósito para Necrotério), se faz evidente a diferença de tratamento dado a brancos e negros.

A reificação do corpo negro não se modificava nem após a morte. Se em vida havia a exploração através da escravização, na morte nem sequer era reconhecida sua condição de corpo humano para investigação dos motivos que lhe findaram a existência. Em outras palavras, aos corpos dos indesejáveis bastava que fossem retirados de vista, armazenados em um reles depósito, como coisas, até que fossem descartados em uma vala qualquer[14]. Por outro lado, os corpos brancos, nos quais valia a pena despender aparatos estatais para descobrir a causa da morte, eram conservados na aparelhada estrutura de um necrotério público.

Tomando por referência o pensamento de Frantz Fanon, percebe-se nesse contexto a palpável separação entre o mundo dos brancos

---

14. Para compreender melhor o processo de descarte de corpos negros escravizados, recomendo a leitura sobre o Cais do Valongo e o Cemitério dos Pretos Novos, ambos no Rio de Janeiro. Ver mais em: PEREIRA, Júlio César Medeiros da Silva. À flor da terra: o cemitério dos pretos novos no Rio de Janeiro. Rio de Janeiro: Garamond: IPHAN (2007).

e o dos não-brancos[15], não havendo conciliação possível nem sequer na morte. São zonas opostas, divididas pela fronteira institucional, restando evidente que o critério de separação é, sobretudo, racial (Fanon, 1961, p. 34). Nesse caso específico, a institucionalidade é representada pelo acesso ao necrotério, em vez de um depósito, apontando para o não-lugar e para a não-humanidade reservados aos não-brancos. Não se trata somente de zonas metafóricas, portanto, mas de concretudes que dividem, inclusive, o espaço urbano, o direito à cidade e o direito à informação da causa da morte física[16]. Desse modo, em contraposição à cidade branca, que é moderna, tem um necrotério, é iluminada e limpa, Fanon nos descreve a cidade dos não brancos, onde se morre sem saber o motivo:

> A cidade do colonizado, a cidade indígena, a cidade negra, o bairro árabe, é um lugar de má fama, povoado por homens também de má fama. Ali, nasce-se em qualquer la do, de qualquer maneira. Morre-se em qualquer parte e não se sabe nunca de quê (Fanon, 1961, p. 34).

---

15. Categoria que abarca os pretos, pardos, orientais e indígenas. A divisão branco/não branco entende a espécie humana enquanto hierarquizada. Enquanto o branco é o padrão de humanidade, os não brancos recebem resquícios de humanidade na medida em que se aproximam da branquitude. Ver mais em: VARGAS, João Helion Costa. Por uma mudança de paradigma: antinegritude e antagonismo estrutural. In: FLAUZINA, Ana Luiza Pinheiro; VARGAS, João Helion Costa (Org.). Motim: horizontes do genocídio negro. Brasília: Brado Negro, 2017, pp. 91-105

16. Questiona-se aqui apenas a impossibilidade de acesso à informação quanto ao motivo da morte física, pois é sabido que a explicação para a motivação da morte social do povo negro é inconcebível. Sobre essa questão, ver: WILDERSON III, Frank B. "Estamos tentando destruir o mundo". Antinegritude e violência policial depois de Ferguson: uma entrevista com Frank B. Wilderson III. Tradução Felipe Coimbra Moretti. Ayé Revista de Antropologia. Edição Especial — Traduções (2020), Universidade da Integração Internacional da Lusofonia Afro-Brasileira, 2020. Disponível em: https://revistas.unilab.edu.br/index.php/Antropologia/issue/view/22. Acesso em: 30 mai. 2021.

A segunda fase do desenvolvimento da medicina legal no país, ainda de acordo com a classificação de Oscar Freire, se iniciou com a chegada do prof. Agostinho José de Souza Lima à cadeira de Medicina Legal da Faculdade de Medicina do Rio de Janeiro, em 1877. Esse professor lançou o primeiro curso prático de tanatologia forense[17], exigindo dos alunos de Medicina o estudo detalhado da legislação. Também instituiu o ensino prático da disciplina, iniciando o acesso estudantil às necrópsias realizadas nos laboratórios, anfiteatros e no Necrotério do Rio de Janeiro.

Em uma sociedade que relega os povos negros e indígenas a uma zona do não-ser (Fanon, 1961, p. 34), da não existência enquanto ser humano e da coisificação, não é difícil imaginar quais corpos viriam a servir de cobaia para que os futuros médicos aprendessem a cuidar dos corpos que realmente importam. Foi a partir daí, quando os corpos mortos dos indesejáveis em vida passaram a ser úteis para a medicina, que o tratamento dado a eles foi modificado, sendo incorporada, mais tarde, no Código de Ética do Estudante de Medicina, a previsão de que fossem tratados como pacientes, como se vivos fossem (CFM, 2018).

A contradição de tratar o negro vivo como coisa, mas o corpo negro morto — desde que útil — como se vivo fosse pode ser explicada pela ideia de alienação do negro, também presente nos escritos de Fanon. Em suma, para os parâmetros da branquitude, o negro não é uma existência humana: é um não-ser, pois está condicionado às formas como o próprio branco o define. Desse modo, caso seja útil para os interesses das elites, a branquitude lhe concede resquícios de humanidade. Do contrário, os meios normalizados para lidar com os negros são da ordem da violência, desapropriação e desumanização explícita, relegando-os à zona do não-ser (Pires, 2017). O negro que interessa à branquitude é um quase-da-família, um quase-paciente, um quase-humano.

---

17. A tanatologia é o estudo científico da morte, voltado à investigação de seus mecanismos e aspectos forenses, tais como mudanças corporais que acompanham o período após a morte, bem como os aspectos sociais e legais mais amplos sobre o assunto.

A terceira fase do ensino da Medicina Legal no Brasil foi um marco para a nacionalização da disciplina, não apenas para a medicina, mas para as ciências sociais e humanas, graças à notabilidade dos feitos dos médicos e professores Virgílio Clímaco Damásio e Raymundo Nina Rodrigues na Bahia.

Damásio assumiu a cadeira de Medicina Legal da Faculdade de Medicina da Bahia em 1882, e logo foi convidado pelo diretor da instituição a realizar um intercâmbio no exterior, com duração de dezoito meses, com a finalidade de "estudar o modo como é dado o ensino teórico e prático da Medicina Legal nos países mais adiantados da Europa, e bem assim a organização oficial do serviço médico-judiciário nesses países, assim no foro criminal, como no civil e eclesiástico" (Circular, 1979). E assim o fez, tendo visitado Portugal, Espanha, França, Itália, Áustria-Hungria, Alemanha, Suíça, Bélgica e Holanda. Retornou com um relatório de quase oitocentas páginas de críticas e inovações teóricas e de prática forense para implementar na Bahia (Lima, 1979, p. 42).

Apesar do entusiasmo, a sua chegada e as tratativas para efetivar o Instituto Médico Legal na Bahia em molde europeu ocorreram às vésperas da Proclamação da República no Brasil, o que impossibilitou, política e economicamente, a execução do projeto que sonhara para a Faculdade. Afinal, Damásio era o vice-presidente do Partido Republicano, e, ao se tornar o primeiro governador da Bahia no período republicano, passou a ter outras prioridades. Os planos tiveram de ser adiados, e as aulas continuaram acontecendo de forma tradicional (Lima, 1979, p. 42).

Passados quase dez anos da viagem, Virgílio Damásio, professor titular da cadeira de Medicina Legal e, mais uma vez, investido no cargo de governador da Bahia, utilizou-se da sua influência política para transferir, sem a realização de concurso, o professor Raymundo Nina Rodrigues da disciplina de Patologia para a de Medicina Legal (Corrêa, 2013). Assim, em 1892, Nina Rodrigues ocupou o cargo de professor substituto e, em 1895, galgou a posição de titular, após a aposentadoria de Virgílio Damásio (Corrêa, 2013).

Entretanto, a manobra não passou despercebida e o "jeitinho" foi alvo de críticas de diversos membros da academia à época. Em resposta, Nina Rodrigues afirmou que a sua presença na disciplina não trouxe malefícios; ao contrário, revolucionou a medicina legal (Rodrigues, 1902, p. 30).

É preciso pôr em perspectiva, porém, no que consistiu a alegada revolução produzida por Nina Rodrigues.

Nina já nos deu régua e compasso

A atribuição do nome de Raymundo Nina Rodrigues ao Instituto Médico Legal da cidade de Salvador é uma homenagem que avaliza suas influências para o órgão. Para além disso, o médico e professor deixou um legado que moldou o pensamento da criminologia, da sociologia e da antropologia, sendo um dos principais formadores do pensamento social brasileiro do início do século XX. Em sua vasta e extensa carreira, deixou uma produção escrita de cerca de sessenta obras publicadas, entre livros e artigos, sobre os mais variados temas.

Aqui, concentro-me no que cabe ser discutido para a compreensão de seu legado para a medicina legal e para o Instituto Médico Legal da Bahia. Nina Rodrigues, enquanto esteve vinculada à Faculdade de Medicina da Bahia, aprimorou as bases de uma medicina legal genuinamente brasileira. Dessa maneira, superou a lógica exclusiva de importação mecânica de dados europeus e desenvolveu a expertise para a produção de dados *in loco* e a tradução de dados estrangeiros para a realidade brasileira, com o objetivo de solucionar problemas médico-legais e de criminologia nacionais, haja vista as condições físicas, psicológicas, sociais e normativas distintas das europeias.

Todavia, mesmo que a medicina legal brasileira tenha começado a traçar os seus próprios caminhos, o negro continuava sendo posto na zona do não-ser, em uma atitude que se trajava de cientificidade por influência da escola positivista e do paradigma etiológico. O estudo das raças promovido por Nina Rodrigues dialogou com os aportes do darwinismo social e com teorias da raça e do determinismo positivista, que balizaram a produção europeia no campo e que tinham Cesare Lombroso como um dos seus principais expoentes. A tradução da teoria do criminoso nato, de autoria do pesquisador italiano, por exemplo, foi realizada por Nina Rodrigues (Góes, 2015, p. 242).

Em contrapartida, Mariza Corrêa faz a ressalva de que, como a produção de Cesare Lombroso já à época era alvo de muitas críticas, Rodrigues não se utilizou diretamente da obra do italiano, apesar de não deixar de lado a suposição básica da hereditariedade, incorporando suas perspectivas teóricas ao utilizar escritos de discípulos do autor, como Enrico Ferri (Corrêa, 2013). O próprio autor destaca a centralidade da raça em suas análises:

> Por que razão, inquire Ferri, nessa pretendida avaliação da liberdade moral dos criminosos, haveis de limitar-vos sempre só às circunstâncias clássicas e tradicionais, que são consideradas capazes de influir sobre a responsabilidade e taxativamente fixadas nos tratados e nos códigos: menoridade, surdo-mudez, loucura, embriaguez, sono? E porque não admitir o grão de instrução e educação recebidas, os metros cúbicos de ar respirado nas pocilgas das nossas grandes cidades, numa promiscuidade horrível de membros nus e sujos, ou nas habitações miseráveis dos camponeses; porque não admitir a profissão, o estado civil, as condições econômicas, o temperamento nervoso ou sanguíneo do acusado? Por acaso, a liberdade moral depende somente dessas quatro ou cinco circunstâncias taxativas, e todas as outras devem ser compreendidas na expressão vaga de circunstâncias atenuantes, a qual, por sua vez, não é mais do que um compromisso entre a lógica e a justiça? Porque, pois, não admitir também a raça? Pergunto eu (Rodrigues, 2011, p. 43).

Nessa toada, a ciência médico-legal se interessou cada vez mais pelos indesejáveis, sendo a raça um fator central na escolha dos cadáveres a serem examinados. Nesse caso, no entanto, os exames periciais não possuíam a finalidade de investigar a *causa mortis* para apuração de crime ou elaboração de quaisquer políticas públicas visando à melhora da qualidade de vida dessa população; esquadrinhavam os cadáveres, isso sim, como meio para entender e controlar os seus iguais em vida.

Afinal, tal como elaborou Guerreiro Ramos (Guerreiro Ramos, 1955, p. 215), o determinismo imposto à raça negra pela literatura médica não levava em consideração o negro-vida e as resistências que esse empreendia para sobreviver frente às tantas adversidades, ou seja, o contexto social verdadeiramente experimentado pelo negro "que não se deixa imobilizar". Não interessava a palpitação da vida do negro. O negro que interessava para a suposta ciência era o negro-tema, o descrito em páginas de livros, o mero objeto de pesquisa, examinado de fora. Inerte, escalpelado, visto e explorado. O negro sobre o qual se fala quando ele não está na sala. O corpo morto sobre a maca.

Em uma carta endereçada a Luiz Anselmo da Fonseca, datada de 15 de março de 1892, é possível notar que as necrópsias oficiais eram por Nina Rodrigues desejadas como instrumento de expansão da profissão de perito que ele lutava para regulamentar, sendo o contato com a população uma dificuldade a se superar. Em suas palavras:

> É deplorável mesmo o que tenho tido ocasião de observar em relação as autópsias da polícia. De ordinário é feito este serviço na pequena sala contígua ao depósito de cadáveres do Hospital de Caridade, dependência como é o depósito do mesmo estabelecimento; algumas vezes praticam-se as autópsias no salão de direção do gabinete de anatomia da Faculdade. A curiosidade reúne ali, onde se conserva o franco ingresso, quanto curioso e desocupado existe nesta terra, os quais, reforçados pelos parentes, aderentes e conhecidos do defunto, acabam por constituir uma massa respeitável de espectadores, ocupando literalmente as portas, janelas

> e circunvizinhanças do recinte onde se trabalha, que invariavelmente é por fim invadido de modo que se torna quase impossível moverem-se médicos e ajudantes.
>
> A repugnância instintiva pelas autópsias que existe tão acentuada na nossa população atrasada e supersticiosa, muito agravada ainda por cima com esta exibição imprudente, desrespeitosa e da mais alta inconveniência, de um serviço que a veneração sempre respeitável pelos mortos e o mais elementar bom senso mandam que se faça com os resguardos e acatamentos necessários, constituiu um embaraço sério a ordem de trabalho.
>
> Em certa classe da população, justamente na que são mais frequentes os exames desta natureza, além da pressão exercida no momento pelos pedidos, rogos e reclamações, recorre-se muitas vezes a ameaças de desacato ao médico e a seus ajudantes, já tendo sido necessário, segundo estou informado, a requisição de força armada para conter estes indivíduos. E por tal forma se entende mal o serviço médico-judiciário entre nós que a um clinico conceituado vi eu, já levado por deferências políticas ou pessoais, valer-se das suas relações de amizade para conseguir que o médico da polícia, com ofensa da sua responsabilidade profissional e oficial, deixasse de praticar a autópsia que lhe era exigida, limitando-se à simples inspeção do cadáver (Rodrigues, 1838).

A citada "certa classe da população, justamente na que são mais frequentes os exames desta natureza" passou a ser alvo da atenção do professor, que fixou como objeto de análise aqueles antes ignorados: os ocupantes das penitenciárias, os moradores das periferias, os pacientes do Hospital de Caridade e os loucos dos asilos de alienados, ou seja, os despossuídos de direito, saúde ou razão (Corrêa, 20123). Rodrigues afirmava que "o negro não é só uma máquina econômica; ele é, antes de tudo, e mau grado sua ignorância, um objeto de ciência" (Rodrigues, 2010).

Nina Rodrigues defendia que o estudo mais importante a ser feito pela comunidade científica deveria se basear na origem étnico-racial da nossa população. Seu primeiro livro publicado hierarquizou o que ele chamou de raças puras, divisão que considerava os brancos a raça superior, seguidos das raças inferiores dos negros e, por fim, dos vermelhos ou indígenas (Rodrigues, 2011, p. 72). Na obra, intitulada "As raças humanas e a responsabilidade penal", Nina discorreu detalhadamente acerca das características de cada um dos agrupamentos raciais. Os brancos constituíam a raça pura, detentora da civilização, da inteligência, da moral e da possibilidade de progresso, ao passo que os negros eram constituídos como criaturas tão instáveis quanto crianças, além de, ao contrário dos primeiros, não-serem aptos a se desenvolver, visto que lhes era atribuído um desenvolvimento incompleto da consciência.

Contraditoriamente, Rodrigues afirmou também que as crianças das raças inferiores chegavam ao amadurecimento e desenvolvimento mental antes do "povo civilizado", sustentando que, por essa razão, deveriam ter a responsabilização penal antecipada. Continuou, entretanto, defendendo que os negros são dotados de natureza abrupta, retardatária, bastante violenta e com intensas perversões sexuais, características que os faziam nutrir uma personalidade voltada para o delito e para o crime (Rodrigues, 2011).

No que tange aos indígenas, Nina sustentou que tinham capacidade cerebral inferior, sendo bestas feras impulsivas e imprevisíveis, cuja convivência com a raça branca era impossível. A exceção estaria na mistura sob a forma de mestiçagem, haja vista a completa inversão moral e impossibilidade de civilização e aprendizagem da raça, mesmo quando a tentativa de domesticação era demorada e dedicada. Assim, para Rodrigues, o indígena é uma raça tão insolente, preguiçosa e selvagem que será completamente absorvida até em breve desaparecer (Rodrigues, 2011, p. 72), não merecendo dele muitas páginas de caracterização.

O autor tratou, ainda, das raças mestiças, que julgava serem a maior patologia e fator de degeneração moral e social do Brasil, impedindo o país de se tornar uma nação forte e politicamente relevante. Foram divididas nas categorias de mulatos (cruzamento do branco com o negro), mamelucos/caboclos (cruzamento do branco com o índio), curibocas/cafuzos (cruzamento de negro com índio) e pardos (cruzamento das três raças, entre mestiços) (Rodrigues, 2011).

Para Rodrigues, era muito difícil antever os atributos e personalidade dos mestiços, diante da impossibilidade de prever quais características haviam sido herdadas de cada raça, devendo ser realizada uma análise mais detida para resolução quanto à responsabilidade penal. Em diálogo com a tradição determinista, tal qual na escola lombrosiana, Rodrigues se utilizava dos estudos médico-legais da craniometria, craniologia e antropometria para medir, pesar e recolher cérebros e crânios humanos, na tentativa de identificar as características corpóreas das raças e de traçar o perfil do criminoso nato e dos alienados mentais a partir das suas características físicas e fenotípicas.

Côrrea nos indica que esse intento de encontrar padrões que respondessem às suas indagações foi frustrado após Nina Rodrigues analisar o crânio de alguns líderes de revoltas sociais e de criminosos famosos, como Antônio Conselheiro[18] e Lucas da Feira[19]. Então, em uma lógica não

---

18. Antônio Vicente Mendes Maciel, conhecido como Antônio Conselheiro, é natural de Quixeramobim, Ceará, e foi uma liderança do movimento messiânico que reuniu milhares de sertanejos no arraial de Canudos, no nordeste da Bahia, à margem do rio Vaza-Barris. Essa comunidade tinha como princípios a propriedade comum das terras e a divisão dos bens adquiridos. Perseguido por tropas do Governo Federal, que o acusava de instigar uma revolta, Antônio Conselheiro foi assassinado e decapitado. Ver: RIBEIRO, Ester Sanches. Desordem e retrocesso: os discursos científicos e cientificistas acerca da guerra de Canudos na imprensa. 350 f. Dissertação (Mestrado em Filosofia) — Universidade de São Paulo, São Paulo, 2015.

19. Lucas Evangelista, conhecido como Lucas da Feira, é filho de dois negros Jejes escravizados em uma fazenda de Feira de Santana, Bahia. Lucas nasceu cativo, mas fugiu ao completar 21 anos e agrupou-se com ex-escravizados que passaram a praticar crimes e assassinatos com um ato de resistência contra a escravatura. Ao ser capturado, teve o braço decepado e foi condenado à morte por enforcamento em praça pública. Ver: LIMA, Zélia Jesus de. Lucas Evangelista, o Lucas da Feira. Estudo sobre a rebeldia escrava em Feira de Santana 1807-1849. 361 f. Dissertação (Mestrado em História) — Universidade Federal da Bahia, Salvador, 1990.

explicitada, o médico legista passou à análise do espírito e do comportamento humano, como uma forma de não descartar seu conceito de degeneração e predisposição ao crime das raças inferiores (Corrêa, 2013).

Sobre os métodos de Rodrigues, Guerreiro Ramos afirmava que o médico mantinha uma atitude "dogmático-dedutiva" a partir da leitura da literatura estrangeira, mesmo diante de contradições postas pelos achados científicos. "A ciência, para Nina Rodrigues, foi uma questão de autoridade. Como um escolástico, não discutia os fatos com fatos, mas com trechos de livros, estrangeiros sobretudo. O negro e o mestiço são inferiores porque... assim está escrito nos livros europeus" (Guerreiro Ramos, 1981, p. 39-69). Ao ignorar as inconsistências científicas da sua teoria, era impossível não chegar à conclusão que tanto almejava. Por conseguinte, Nina Rodrigues concluiu que as raças secundárias e suas mestiçagens mereciam um tratamento penal diferenciado em relação à raça superior, diante da incapacidade de civilização dos primeiros. Tal processo justificaria a necessidade de domesticação do índio e de submissão do negro, visto que possuíam, de acordo com o autor, consciência incompleta e alienada, o que prejudica o livre-arbítrio e a responsabilidade penal plena:

> Pode-se exigir que todas estas raças distintas respondam por seus atos perante a lei com igual plenitude de responsabilidade penal? [...] Por ventura pode-se conceder que a consciência do direito e do dever que tem essas raças inferiores, seja a mesma que possui a raça branca civilizada? (Rodrigues, 2011, p. 64).

Desse modo, Nina Rodrigues defende não apenas uma punição mais severa a estas raças, nas vezes em que, por rara exceção, agirem com consciência plena tal qual um branco, mas também roga pela internação preventiva desse contingente populacional em asilos ao invés de prisões, julgando que as penitenciárias se tornam uma "escola perigosa de criminosos temíveis" (Rodrigues, 2011, p. 121). Para o autor, a interação dos mestiços com as raças puras, sobretudo com os brancos, poderia degenerar a dita raça superior, levando os criminosos natos a influenciar e gerar criminosos de hábitos aperfeiçoados pelo meio (Rodrigues, 2011, p. 124).

No que se refere às religiões de matriz africana ou a questões ligadas à cultura negra, é possível afirmar que Rodrigues se encontra em uma linha tênue entre o fascínio e a abominação. Afinal, ao mesmo tempo que o assunto é muito recorrente na sua obra, infere-se dela a cultura branca como o marco da civilização, enquanto as manifestações negras aparecem como exóticas, excêntricas e até patológicas.

É interessante observar que, apesar dessas evidências, alguns entendem Rodrigues como amante da cultura negra. Sergio Ferretti, por exemplo, alega que "apesar de infectar-se pelas teorias da época", Nina Rodrigues "certamente teria revisto diversos dos seus pontos de vistas" se tivesse vivido mais, e, apesar de tudo "reconhecia muitas qualidades no negro", razão pela qual não deve ser taxado de racista" (Ferreti, 2006, p. 54-59). Ao analisarmos os estudos sobre a economia libidinal realizados por Saidiya Hartman, percebemos que a existência do desejo e da curiosidade quanto ao que diz respeito à cultura negra não anula a abjeção ao sujeito negro.

Em suma, tais sentimentos podem coexistir em uma abordagem racista, que considera o corpo negro uma mercadoria fungível, substituível e descartável, a qual, ao mesmo tempo, é sucedânea da presença do poder, prazer, lucro e da dominação do homem branco. O corpo negro é como um objeto disposto para a livre manipulação pelo seu algoz, é um fantoche, um corpo morto socialmente (Hartman, 1997, p. 21).

Diante dessa breve análise de parte do pensamento de Nina Rodrigues, duas imagens emergem no imaginário nacional e nas disputas das narrativas políticas em torno de seu legado. De um lado, temos o ilustre professor Nina Rodrigues, que é exaltado pela sua abertura e interesse no que tange ao povo negro, pelo simples fato de *se misturar*, sendo celebrado como amante da cultura negra. De outro, vê-se um autor que produz uma etnografia das populações indesejáveis na Bahia — os negros, escravizados, indígenas, desnutridos, leprosos, mulheres, loucos e apenados — com o fito de traçar um perfil psicológico criminal e médico-legal que possa ser usado para fins de controle social.

Resta apresentar o esforço de Raymundo Nina Rodrigues para a estruturação da medicina legal no país, especialmente no estado da Bahia. Para além de suas construções teóricas, não se pode deixar de afirmar que ele traçou um plano de ação — finalizado pelos seus sucessores após a sua morte — para a reforma dos exames médico-periciais no Brasil, que culminou na inauguração dos IMLs no país.

Instituto Médico Legal e a Polícia: dois lados da mesma moeda

O IML foi esboçado pelo professor Raymundo Nina Rodrigues, já como o resultado de um entrelace do ensino da medicina com a atividade policial, parceria que teve continuidade por anos. Dessa maneira, era dificultada a classificação do Instituto como órgão de saúde, policial ou de ensino. Portanto, para que se compreenda a posição do IML como órgão, é necessário regressar aos planos de Nina Rodrigues como professor.

No ano de 1891, aconteceu a mencionada reforma no ensino que permitiu a entrada de Nina Rodrigues na cadeira de Medicina Legal sem que ele tivesse prestado concurso público. Além disso, a disciplina de Medicina Legal passou a ser obrigatória na grade da Faculdade de Direito, e foi instituída a execução prática da medicina legal nos necrotérios improvisados das delegacias de polícia (Corrêa, 2013, posição 4523).

Estando na posição de professor de Medicina Legal, Rodrigues planejou a melhor forma para situar a disciplina em um local de destaque, visando alçar seus representantes a um *status* compatível. Mariza Corrêa pontua que, a partir do momento em que Nina Rodrigues identificou a morte como o seu eixo de atividade médica, ele entendeu quais deveriam ser os seus objetos preferenciais de análise — desconsiderando se o bem que almejava prejudicaria aqueles a quem os resultados da sua proposta seriam aplicados (Corrêa, 2013, p. 1465).

Desde então, além de lutar para estruturar juridicamente a atuação de perito, também trabalhou para definir seu objeto institucional. Segundo Guilhon Albuquerque, "o objeto institucional é aquilo sobre cuja propriedade a instituição reivindica o monopólio de legitimidade. Definir-se como instituição é, portanto, apropriar-se de um objeto" (Guilhon Albuquerque, 1978). Do estudo da obra de Nina Rodrigues, depreende-se que o IML pensado por ele tinha como objeto as pessoas não-brancas, mais especificamente, a neutralização das pessoas não-brancas através da institucionalização e da morte — fosse de forma subjetiva, fosse real.

Rodrigues explicitou sua estratégia de ação e de ensino voltada para a criação de uma narrativa que proporcionasse a realização do seu desejo. Assim foram elencadas as diretrizes do seu plano:

> 1° Promover a criação, no nosso processo judiciário, de uma organização da perícia médica com peritos especialistas, já pela propaganda universitária, já pela demonstração na imprensa da necessidade e oportunidade de tal reforma;
>
> 2° Promover pelos mesmos meios a criação dos institutos médicos-legais, de ensino prático e experimental, onde se possam formar os peritos;
>
> 3° Promover a solução daqueles problemas médico-legais que nos são peculiares, ou têm para nós uma feição peculiar, em razão do clima, da raça, da natureza das nossas instituições políticas e judiciárias, ou do grau da nossa civilização;
>
> 4° Dirigir o ensino da medicina legal nas faculdades médicas, de modo a criar um padrão que sirva de modelo, no seu início, aos institutos médicos-legais das chefaturas de polícia. Ao mesmo tempo, adaptar o ensino dos médicos à feição peculiar da fase que o problema médico-legal atravessa no país (Rodrigues, 1902).

Contrapondo as metas traçadas ao restante da obra de Nina Rodrigues, é possível observar que os "problemas médico-legais" a que ele se refere na terceira e na quarta etapas referiam-se ao controle de negros, indígenas e mestiços, que, com suas características supostamente deletérias e inatas às raças inferiores, colocavam o projeto de nação do Brasil a perder (Corrêa, 2013, posição 410).

Em vista disso, não há uma surpresa quando a introdução do livro "As raças humanas e a responsabilidade penal no Brasil" traz a promessa de solucionar os "problemas médico-legais" com a tese das raças inferiores. Rodrigues, meticulosamente, planejou neutralizar esses indivíduos. Afinal, ao fixar nas peles não-brancas o gene da criminalidade, invocando toda a teoria acadêmica e o aparato investigativo e pericial para o controle desse segmento da população, o sistema de justiça criminal trataria de fazer o restante com o aval de laudos oficiais.

As condições existentes à época, no entanto, estavam longe de se adequar aos desejos de Nina Rodrigues. As primeiras necropsias da cidade de Salvador com fins policiais eram realizadas principalmente em salas improvisadas dos hospitais e delegacias, por médicos clínicos que, muitas vezes, não eram capacitados para a função — o que, segundo ele, atrapalhava as investigações (Rodrigues, 1832). Não raro, o professor desqualificava os peritos não apenas nos escritos mais teóricos, em que enfatizava a diferença entre as duas maneiras de praticar a medicina, mas também cotidianamente, em falas e discursos públicos, além de publicações em jornais e revistas (Corrêa, 2013, posição 4523).

Não por outro motivo, Nina já havia tentado aprovar, em 1892, na Congregação da Faculdade de Medicina, a criação de habilitação especial para o exercício da medicina pública. Tal questão já era levantada pelo seu antecessor, Virgílio Clímaco Damásio, mas o *lobby* tomou grandes proporções com a posse de Nina Rodrigues como professor. Entretanto, teve o pleito rejeitado (Rodrigues, 2013, posição 1395). Fica claro que ele manteve para si uma missão saneadora cotidiana de comprovar que as análises feitas por clínicos não especializados eram sempre imperfeitas e incompletas, como um passo para que tais atividades fossem destinadas somente aos peritos especializados (Corrêa, 2013, posição 4523). Essa postura visava à melhora procedimental das perícias realizadas, mas também era uma medida corporativista. Sobre tais ações, Mariza Corrêa afirma:

> Trata-se antes de reconhecê-las como táticas políticas, parte de uma estratégia mais ampla de autonomizar o campo da medicina legal em relação ao da clínica e de marcar fortemente a sua presença no cenário médico e social como um "perito", diferenciado de seus colegas clínicos gerais ou médicos funcionários da polícia. Estes últimos, embora em menor grau do que os primeiros, já que sua colaboração era indispensável aos acordos de trabalho com a polícia, eram também um obstáculo à sua estratégia (Corrêa, 2013, posição 1533).

Corrêa esclarece que na transição do Império para a República, quando as províncias se tornam estados, suas respectivas administrações ficaram no âmbito estadual, enquanto as faculdades continuaram sob a administração da União, vinculadas ao Ministério do Interior. Com isso, os médicos que prestavam serviços junto à polícia passaram a ser funcionários do estado da Bahia, sem qualquer vínculo com a faculdade, afastando das perícias, portanto, o corpo docente e os alunos especializados na área (Corrêa, 2013, posição 1562).

Corrêa também elucida um modo de ação constante em Nina Rodrigues: a ideia de formalização jurídica do trabalho dos peritos por uma suposta imperícia no serviço dá uma ideia de objetividade, forjando um discurso científico e, portanto, fazendo-o ser visto como verdadeiro (Corrêa, 2013, posição 1408). Nas palavras de Corrêa, "a utilização política dessa cientificidade, o efeito de penalização, sempre desejado e às vezes obtido, sobre outros membros da sociedade, lhe conferia, no entanto, quase o estatuto de uma lei natural, além de, às suas consequências, um ar de inevitabilidade" (Corrêa, 2013, posição 1408).

Nessa ambiência de grandes disputas políticas, no ano de 1895 foi criada a Secretaria de Segurança Pública da Bahia, através da Lei nº 115, de 16 de agosto de 1895 (Corrêa, 2013, posição 1408); finalmente, no ano seguinte, foi oficialmente criada a Seção Médico Legal, precursora do IML no estado (Corrêa, 2013, posição 1408). O órgão era composto por dois médicos, incumbidos "dos corpos de delito, das autópsias, das exumações, das análises toxicológicas, das verificações de óbitos e de quaisquer outros exames ou diligências médico-legais que interessam à Justiça Pública" (Corrêa, 2013). Tais profissionais ainda não eram os peritos especializados que Nina Rodrigues desejava, de modo que ele insistia na necessidade de absorção do serviço médico-legal da polícia pela faculdade, rogando aos docentes da escola médica que utilizassem sua grande influência política para viabilizar essa aproximação (Fonseca, 1832).

Além dessa frente de atuação mais institucional, Rodrigues também fazia *lobby*, valendo-se de sua rede pessoal de influência, como podemos atestar em suas declarações: "o que não se pode conseguir oficialmente entre a Faculdade e a Chefatura de polícia, obtive das minhas relações pessoais com os distintos médicos do serviço médico-legal desta última repartição" (Rodrigues, 1902).

Assim, a partir desses esforços de articulação política, em 1905 foi finalmente oficializado um acordo entre a Secretaria de Polícia e de Segurança Pública e a Faculdade de Medicina. O trato versava sobre a centralização, no Pavilhão Médico-Legal da Faculdade, das necropsias e de outros exames necessários às investigações policiais, com a delegação de todo o processo à direção do professor catedrático de medicina legal[20], que seria reconhecido como perito oficial do Estado e diretor do órgão (Corrêa, 2013, posição 1568).

Todavia, em meio às tratativas para oficialização do convênio, houve um grande incêndio na Faculdade de Medicina, na madrugada entre os dias 2 e 3 de março de 1905, que destruiu completamente a biblioteca,

---

20. À época, se tratava do Prof. Raymundo Nina Rodrigues.

os laboratórios de Medicina Legal, o gabinete de Raymundo Nina Rodrigues e diversas outras áreas do edifício (Campos, 1906). O que deveria ser um evento desastroso acabou trazendo frutos para a instituição, pois, no dia 4 de março, por requisição do ministro do Interior José Joaquim Seabra, foi nomeada uma comissão para elaboração de projeto de reconstrução do prédio, a ser conduzida pelo engenheiro Theodoro Sampaio. No dia 15 de março, o ministro Seabra confirmou também a vultosa verba de seiscentos mil contos de réis para a obra, autorizando o início do restauro[21].

O projeto incluía a ampliação do prédio, após a desapropriação de inúmeros imóveis para tanto (Bahia, 1905), além da instalação de equipamentos de última geração, escolhidos pessoalmente por Nina Rodrigues em ida à Europa que terminou antecipadamente, de forma inusitada, devido a um desfalecimento súbito do professor enquanto visitava as instalações da Morgue de Paris. Tal mal-estar culminou, alguns dias depois, na sua morte, no dia 17 de julho de 1906 (Ribeiro, 1995). Nina Rodrigues, portanto, nunca chegou a ver em pleno funcionamento o IML que planejara, apesar de suas ideias terem se mantido vivas no estabelecimento durante muitos anos.

---

21. Telegrama do ministro do Interior, J. J. Seabra, ao diretor Dr. Alfredo Britto, em 15 de março de 1905: "Acabo de ter a honra e a inexcedível satisfação de referendar o Decreto de crédito de seiscentos contos de réis aberto pelo benemérito presidente da República para a reconstrução imediata da gloriosa Faculdade de Medicina do nosso Estado. — Quando pedi ao Presidente o favor em nome do nosso Estado, a Congregação e a Mocidade, da abertura de crédito, respondeu-me assinar o Decreto com muito prazer por ser além do mais um ato de inteira justiça. — Se a Congregação já aprovou a planta e sendo o orçamento segundo o seu telegrama, pode começar as obras imediatamente. — Muito afetuosas saudações e cordiais parabéns à Congregação, a Mocidade e ao Povo do nosso grande Estado. — Seabra, Ministro do Interior." In: BRITTO, Antonio Carlos Nogueira. O incêndio da Faculdade de Medicina em 1905. Artigo publicado no jornal do CREMEB. Salvador/BA, Agosto de 1993.

No dia seguinte à morte do professor, a Congregação da Faculdade de Medicina, entre outras homenagens, votou pela nomeação do novo pavilhão, destinado à Medicina Legal, como Instituto Nina Rodrigues (Britto, 1906), cristalizando não só a admiração dos baianos pela pessoa de Raymundo Nina Rodrigues como também o lugar de destaque das teorias e teses defendidas por ele. Nasceu, desse modo, o IMLNR.

O acordo informal realizado por Rodrigues foi executado e, em 31 de dezembro de 1907, foi assinado o Termo de Contrato entre o Governo da União e o Governo do Estado da Bahia, para que o Pavilhão de Medicina Legal da Faculdade de Medicina da Bahia — o Instituto Nina Rodrigues — sediasse oficialmente o Serviço Médico-Legal da Polícia. Em 21 de dezembro de 1911, o acordo foi aprovado pelo Decreto nº 977 (Bahia, 1911), mas somente em 17 de maio de 1912 sancionado pela Assembleia Geral Legislativa da Bahia (Bahia, 1912). Um pouco depois, em 15 de junho de 1912, houve a fusão do órgão policial com a instituição de ensino (Bahia, 1905), entrelaçando tais instituições de forma duradoura, mediante a modificação, renovação e aditamento dos termos da união (Bahia, 1912).

O acordo entre o Estado e a União fluía de maneira proveitosa para ambas as partes, porém, com o advento do golpe de 1930 (Bahia, 1912) e a ascensão antidemocrática do Governo Vargas, a polícia passou a ter controle mais direto sobre o instituto. Em vista disso, em 1937 foi criado o Departamento de Polícia Técnica (DPT) como órgão superior hierárquico, embora ainda diretamente subordinado ao secretário da Segurança Pública (Bahia, 1937), unificando o IML e o Gabinete de Identificação[22] em uma só repartição pública, sob a guarida do DPT

---

22. Atualmente o órgão chama-se Instituto de Criminalística Afrânio Peixoto (ICAP) e faz parte do Departamento de Polícia Técnica. Enquanto o IML faz todas as perícias em seres humanos vivos ou mortos, o ICAP, associado exclusivamente à investigação de crimes, tem por competência realizar exames, pesquisas e estudos no campo da criminalística visando à prova pericial nos locais e objetos.

e com o nome Instituto Médico Legal e de Investigação Criminal. Visivelmente, esse processo enfraqueceu a relação de simbiose entre o ensino e a perícia no Estado da Bahia, apesar de ela seguir vigente (Polícia Civil do estado da Bahia, 2018, p. 48). A partir de então, cabia ao governador do Estado nomear, por livre escolha e confiança, o diretor do IMLNR (Bahia, 1937).

Contudo, a união dos referidos órgãos não prosperou, de modo que, em 1938, houve uma nova separação entre o IML e o Instituto de Investigação Criminal (Bahia, 1938), ambos permanecendo subordinados ao DPT. Além disso, no termo do acordo renovado em 26 de dezembro de 1938, passou a constar a previsão de que o professor catedrático de Medicina Legal da Faculdade teria autonomia técnica e científica para a lavratura dos laudos como perito, desde que entregasse, anualmente, um relatório circunstanciado das suas atividades, o que evidenciava uma tônica de controle e perda de autonomia por parte do órgão (Bahia, 1938).

Iniciava-se assim o declínio do "tempo áureo" do IML, que foi dando lugar a uma intensa interferência sobre as ações do órgão. Todavia, da mesma forma que o IML e a Medicina Legal se especializaram no objeto institucional da neutralização da população negra, também o faziam os novos interventores ligados à Secretaria de Segurança Pública. Enquanto muita coisa mudava, ao fim e ao cabo tudo permanecia igual.

Ainda durante a Ditadura Vargas, em 1944, o Departamento de Polícia Técnica foi extinto, e suas repartições passaram a responder diretamente ao secretário de Segurança Pública (Polícia Civil do estado da Bahia, 2018, p. 48) até o ano de 1973, quando houve a recriação do DPT, através de Lei Ordinária (Polícia Civil do estado da Bahia, 2018, p. 48). Naquele momento, o IML novamente foi vinculado à estrutura do Departamento de Polícia Técnica, dessa vez, na vigência de outro regime ditatorial, a Ditadura Militar iniciada em 1964.

Contudo, uma reestruturação da Secretaria de Segurança Pública, em 1976, fez com que o Departamento de Polícia Técnica passasse a fazer parte da estrutura da Polícia Civil da Bahia (Bahia, 1976). A partir de então, as competências de prevenção de crimes, recebimento da *notitia criminis*, instauração e acompanhamento de inquérito policial, investigação, colheita de provas, análise técnica das provas, além de diversas outras atividades inerentes à polícia judiciária, foram restritas à Polícia Civil. Tudo foi centralizado no mesmo órgão, que também se tornou responsável por formar na Academia de Polícia, de maneira inespecífica e padronizada, os profissionais para as referidas tarefas (Bahia, 1976).

Do ponto de vista da formação, é evidente que as necessidades de avaliação e treinamento de um candidato ao exercício da função de perito são totalmente diversas das de um investigador de polícia, sendo incabível que os peritos e investigadores passem pelo mesmo treinamento. Afinal, é incontestável que a elaboração de estudos especializados de perícia é mais adequada para a identificação do lugar pelo qual um projétil entra e sai, ou a sua possível trajetória, do que a requisição do conhecimento prático de atirar e mirar com precisão, necessário a um policial atirador (Pereira, 2013).

Nesse sentido, Ana Cláudia de Carvalho Brito assevera que, no treinamento nas academias, os policiais "passarão por 'ritos de passagem' e absorverão conceitos e regras, além de conhecimento técnico que envolve a atividade" (Carvalho Brito, 2020). O que se agrava com isso é que os peritos acabam fortalecendo uma identidade policialesca ao frequentar a Academia de Polícia juntamente com o restante dos policiais civis.

Assim, ao mesmo tempo que se inserem no corporativismo da categoria policial, também tomam para si os valores e práticas veladas da instituição no sentido de um "combate ao inimigo"[23]. Adilson de Souza cita, por exemplo, que, dentro da academia, os policiais mais respeitados,

---

23. Sobre os ritos de passagem e práticas apreendidas pelos policiais desde a Academia de Polícia, recomendo a leitura de: SOUZA, Adilson Paes de. O policial que mata: um estudo sobre a letalidade praticada por policiais militares do Estado de São Paulo. 2020. 135 f. Tese (Doutorado em Psicologia) — Universidade de São Paulo, São Paulo, 2020.

vistos como modelos a serem seguidos, são aqueles que tem o maior número de ocorrências com "derrubadas", ou seja, ocorrências em que pessoas classificadas como marginais foram mortas (Souza, 2020).

Com efeito, essa constante alternância da subordinação do órgão de perícia técnica só pareceria estranha caso não nos atentássemos aos interesses da polícia investigativa em estreitar relações com um órgão que, ao reivindicar para si a cientificidade, se converte no único que produz provas criminais tidas como verdadeiras e de difícil contestação, sobretudo quando observado o contexto dos eventos.

Assim, o controle do órgão pericial se mostra proveitoso diante do conhecimento de que é ele o responsável por atestar a compleição física de pessoas submetidas a exames de corpos de delito e definir a *causa mortis* de todos os cadáveres encontrados em situação de morte violenta, morte suspeita[24] ou morte natural de pessoa não identificada; afinal, a influência sobre tal instituição pode modificar o futuro dos laudos e definir entre ocultar, maquiar, fraudar, adulterar ou revelar informações oficiais de periciados vivos e mortos nos institutos de perícia e criminalística. Esse poder sinaliza ainda a possibilidade de "interferência de agentes externos ao quadro da perícia oficial, como delegados e investigadores, que, intencionalmente ou não, contaminam o trabalho pericial com o objetivo de fazer com que sejam produzidas provas capazes de confirmar uma determinada hipótese investigativa" (Franco, 2021).

Em regimes autoritários como o Estado Novo de Vargas ou a Ditadura Militar, e em casos de crimes cometidos por agentes de Estado, a relação de submissão do produtor de provas científicas ao autor do inquérito policial e detentor do processo de construção da verdade constitui uma vantagem política usual para eximir da responsabilidade os autores de infrações contra os direitos humanos. É o que tem apontado Fábio Luís Franco:

---

24. Morte suspeita é a aquela cuja investigação suscita razões para se suspeitar, de modo fundamentado, que sua causa tenha sido violenta, e não natural.

> [...] para suplementar as ações repressivas diretas promovidas pelas polícias e pelas Forças Armadas, o Estado ditatorial brasileiro colocou em funcionamento um dispositivo burocrático-institucional, no qual se inscreve os órgãos da perícia oficial, que atuava ora conferindo uma roupagem legal a mortes, torturas e desaparecimentos, ora atuando como ator principal na manutenção de violações. Um dos exemplos era o desrespeito a protocolos técnicos e rotinas administrativas para facilitar a perda de documentos de pessoas mortas para, então, serem enterradas como "desconhecidas" (Franco, 2021).

A partir dessa perspectiva, depreende-se que a tutela política ou policial do órgão pericial é extremamente útil e vantajosa para as estruturas de poder em períodos de ditaduras, mas não somente, visto que o controle sobre a "massa negra" segue em vigência no país. Claramente, para esse fim estão voltadas todas as práticas e instâncias do sistema penal brasileiro, na qual se inclui a utilização do IML e do Departamento de Polícia Técnica como aparatos de neutralização de corpos.

Cabe destacar que a polícia brasileira segue métodos de inquérito e investigação ainda bastante inquisitoriais, de sorte que, via de regra, primeiro presume-se que alguém é culpado com base em informações superficiais e estereótipos baseados em raça, classe, gênero e sexualidade, para, em seguida, serem buscadas provas que justifiquem a suposição inicial. Assim, estando os órgãos criminalísticos de perícia diretamente subordinados à polícia investigadora, os exames periciais tornam-se uma atividade subsidiária que reproduz essa prática, sendo convocados como mera formalidade administrativa voltada a confirmar as hipóteses levantadas (Franco, 2021). Nesse sentido, Klarissa Silva Platero assevera que, frequentemente, sobretudo em casos rotineiros e típicos, os laudos têm uma função cerimonial, como um marco formal que autoriza o prosseguimento do inquérito ou processo judicial. Eles não são determinantes para a decisão do juiz quanto à autoria do crime, apenas ratificando a obviedade da materialidade (Silva Platero, 2013, p. 256).

O menosprezo das provas periciais no curso das investigações acarreta uma supervalorização do julgamento pessoal e subjetivo dos agentes, ocasionando condenações em que as únicas provas são testemunhos de policiais e laudos periciais que com frequência atestam exclusivamente a existência de prova material (laudos que apontam que a substância encontrada de fato é ilícita, ou que existe um corpo com perfuração de projétil de arma de fogo, por exemplo). Logo, a perícia se torna tão seletiva quanto as próprias polícias (Franco, 2021), não servindo como forma de garantia de justiça (Medeiros, 2020). À vista disso, conclui Flavia Medeiros:

> As provas, ao invés de serem usadas como evidências para corroborar uma linha que coincide com os fatos que levaram alguém à morte, são legitimadas ou não de acordo com a aderência à versão que defesa e acusação almejam definir (Medeiros, 2020).

É oportuno pontuar que, após a Lei de Anistia[25] e o advento da Constituição Federal de 1988, a Constituição do Estado da Bahia de 1989 concedeu autonomia técnica aos serviços periciais, subordinando sua estrutura à Secretaria de Segurança Pública. Conforme expresso no artigo 146, §5º: "É assegurada autonomia técnica aos serviços periciais, cuja estrutura, definida na forma da lei, estará diretamente subordinada à autoridade máxima do órgão único de administração, que deverá concentrar as atividades de segurança pública, no âmbito estadual" (Bahia, 1989).

---

25. A Lei nº 6.683/1979, conhecida como Lei da Anistia, concede o perdão dos crimes políticos ou conexos a estes, cometidos por civis, autoridades e militares durante o período da Ditadura Militar. BRASIL. Lei n. 6.683, de 28 de agosto de 1979. Concede anistia e dá outras providências. Diário Oficial da União 28.08.1979; Poder Executivo, Brasília, DF.

Entretanto, tal norma foi revogada pela Emenda à Constituição Estadual nº 07, de 18 de janeiro de 1999 (Bahia, 1999), restando na carta constitucional a menção à perícia apenas no §6º, que diz: "A polícia técnica será dirigida por perito, cargo organizado em carreira, cujo ingresso depende de concurso público de provas e títulos" (Bahia, 1989). Evidente, portanto, que a alteração deixa um vácuo legislativo sobre a temática, ao mesmo tempo que adia por tempo indeterminado a possibilidade de efetiva autonomia para os órgãos de perícia na Bahia, deixando-os mais suscetíveis e vulneráveis às interferências políticas.

Diante dessa alteração, cumpre questionar: será que os perigos de ingerência nos órgãos periciais haviam desaparecido, ou simplesmente foi possível explicitar o costumeiro modo de agir ligado ao histórico controle dos corpos negros, uma vez que os corpos brancos insurgentes do período da ditadura, que provocaram a promulgação da lei protetiva, já não estavam sob ataque? Como resposta velada a tal indagação, houve nova modificação na estrutura que abarcaria os órgãos de perícia, porém, dessa vez, buscando uma abordagem mais definitiva, embora igualmente fluida. Isso é, buscou-se simular um afastamento entre o DPT e a Polícia Civil, visando diminuir alegações quanto à suspeição das perícias (Bahia, 1989).

Nessa reorganização, o Departamento de Polícia Técnica voltou a ter subordinação direta à Secretaria de Segurança Pública (Bahia, 1991); todavia, somente a parte administrativa fez essa migração, enquanto a demanda de servidores e pessoal, formação e capacitação, desenvolvimento de plano de carreira, sistema de gratificações e remuneração, entre outros, se mantiveram a cargo da Polícia Civil.

Em suma, força-se uma leitura no sentido de que o DPT não seria mais um órgão finalístico policial pelo fato de integrar a administração direta da Secretaria de Segurança Pública, quando, em verdade, continua a desempenhar o papel de órgão pericial de natureza policial, graças às suas atribuições, que permaneceram inalteradas na Constituição

Federal[26] e na Constituição da Bahia. Essa dinâmica se repete no que tange aos servidores, que continuam sendo policiais civis, fazendo parte do Sistema Policial Civil de Carreira Profissional (Bahia, 2005) e abrangendo as funções das carreiras de perito criminalístico, perito médico-legal e perito odonto-legal regidas pela Lei Orgânica da Polícia Civil do Estado da Bahia (Bahia, 2009).

Não há como deduzir outra motivação que não a falta de vontade política para se conferir autonomia e independência ao Departamento de Polícia Técnica. Tal desconfiança se evidencia quando verificado que a progressiva garantia de emancipação dos órgãos periciais está prevista desde o Primeiro Programa Nacional de Direitos Humanos (PNDH-1), iniciado em 1996[27], tendo sido enfatizada também no PNDH-3, em

---

26. A Constituição Federal prevê no art. 144 um rol taxativo dos órgãos de Segurança Pública. Não há a previsão da organização administrativa da Polícia Técnica ou Pericial, deixando assim uma lacuna em relação à vinculação deste organismo a outros. A ausência de uma regulamentação específica acarreta a ausência de uniformidade nacional quanto aos órgãos, sem a criação de políticas públicas para melhorar o serviço de perícia nacional.

27. A necessidade da autonomia dos órgãos periciais para a luta contra a impunidade era expressa nos seguintes termos: "Fortalecer os Institutos Médico-Legais ou de Criminalística, adotando medidas que assegurem a sua excelência técnica e progressiva autonomia, articulando-os com universidades, com vista a aumentar a absorção de tecnologias." BRASIL. Decreto n. 1.904, 13 de maio de 1996. Institui o Programa Nacional de Direitos Humanos — PNDH. Diário Oficial da União; Seção 1 — 14/5/1996. Brasília, DF.

2009[28], e foi reforçada no Relatório da Comissão Nacional da Verdade, expedido em 2014[29]. Tais recomendações se vinculam a vários estudos demonstrando que a desvinculação entre os Institutos Médicos Legais e os órgãos das Secretarias de Segurança Pública resulta em maior eficiência e qualidade das perícias realizadas (Pereira, 2013).

No entanto, ignorando todas as recomendações, a regulamentação da perícia criminal por meio da Lei nº 12.030, de 2009 (Brasil, 2009), não trouxe qualquer menção acerca da estruturação e gestão da perícia oficial a ser seguida no país, deixando aos estados a tarefa de decidir

---

28. A recomendação é novamente de autonomia, dessa vez, com a listagem de ações programáticas para tal: "Objetivo estratégico III: Produção de prova pericial com celeridade e procedimento padronizado. Ações programáticas: a) Propor regulamentação da perícia oficial. Responsável: Ministério da Justiça; b) Propor projeto de lei para proporcionar autonomia administrativa e funcional dos órgãos periciais federais. Responsável: Ministério da Justiça; c) Propor padronização de procedimentos e equipamentos a serem utilizados pelas unidades periciais oficiais em todos os exames periciais criminalísticos e médico-legais. Responsáveis: Ministério da Justiça; Secretaria Especial dos Direitos Humanos da Presidência da República; d) Desenvolver sistema de dados nacional informatizado para monitoramento da produção e da qualidade dos laudos produzidos nos órgãos periciais. Responsável: Ministério da Justiça; e) Fomentar parcerias com universidades para pesquisa e desenvolvimento de novas metodologias a serem implantadas nas unidades periciais. Responsável: Ministério da Justiça. f) Promover e apoiar a educação continuada dos profissionais da perícia oficial, em todas as áreas, para a formação técnica e em Direitos Humanos. Responsáveis: Ministério da Justiça; Secretaria Especial dos Direitos Humanos da Presidência da República". BRASIL. Decreto n. 7.037, 21 de dezembro de 2009. Aprova o Programa Nacional de Direitos Humanos — PNDH-3 e dá outras providências. Diário Oficial da União; 22/12/2009. Brasília, DF.

29. A Comissão Nacional da Verdade recomendou o seguinte: "[10] Desvinculação dos institutos médicos legais, bem como dos órgãos de perícia criminal, das secretarias de segurança pública e das polícias civis. 26. Recomenda-se a criação, nos estados da Federação, de centros avançados de antropologia forense e a realização de perícias que sejam independentes das secretarias de segurança pública e com plena autonomia ante a estrutura policial, para conferir maior qualidade na produção de provas técnicas, inclusive no diagnóstico de tortura". BRASIL. Comissão Nacional da Verdade. Relatório da Comissão Nacional da Verdade — Volume I. Brasília: CNV, 2014, 976 p., p. 968-969.

sobre a organização administrativa dos órgãos de perícia (Franco, 2021). Atualmente, das 27 unidades federativas, em 18 esses órgãos são vinculados à Secretaria de Segurança Pública, enquanto em 9 eles estão diretamente subordinados à Polícia Civil[30], numa categorização que não leva em consideração os modelos híbridos, como o descrito anteriormente para a Bahia, que amplificam possíveis fontes de interferências.

A condenação do Brasil pela Corte Interamericana de Direitos Humanos, no ano de 2017, em função do cometimento de grave violação de direitos humanos no caso da chacina ocorrida na Favela Nova Brasília (RJ) em 1994, deu destaque à pauta da necessidade de autonomia e independência dos órgãos periciais. Mesmo assim, não houve avanços significativos nesse aspecto (CIDH, 2014).

Além das implicações já mencionadas, a falta de autonomia dos órgãos de perícia acabou promovendo a estagnação da infraestrutura dos Institutos e da capacitação do corpo de funcionários. Afinal, sendo as atividades de perícia eminentemente técnicas, em constante desenvolvimento e aprimoramento tecnológico, o investimento em atualização deve ser contínuo. No entanto, subordinar esses órgãos à Secretaria de Segurança Pública ou à Polícia Civil significa fazê-los disputar orçamento com atividades policiais de repressão, deixando à míngua os investimentos na especialização continuada dos peritos e em novas tecnologias (Franco, 2021).

Convém ainda trazer à discussão o fato de que foram propostas ao Supremo Tribunal Federal diversas Ações Diretas de Inconstitucionalidade buscando fixar o entendimento a respeito da possibilidade de criação de

---

30. Os vinculados às Secretarias de Segurança Pública são: Alagoas, Amapá, Bahia, Ceará, Goiás, Mato Grosso, Mato Grosso do Sul, Pará, Paraíba, Paraná, Pernambuco, Rio Grande do Norte, Rio Grande do Sul, Rondônia, Santa Catarina, São Paulo, Sergipe e Tocantins. Os vinculados à Polícia Civil são: Acre, Amazonas, Distrito Federal, Espírito Santo, Maranhão, Minas Gerais, Piauí, Rio de Janeiro e Roraima. MEDEIROS, 2020.

órgãos periciais autônomos nas unidades federativas[31]. O mais recente julgamento, nos autos da ADI nº 2575, decidiu que a criação de órgão pericial destinado a auxiliar a Polícia Civil no inquérito policial não está vedada pela Constituição Federal, não sendo necessário, portanto, que tal órgão esteja subordinado ou sequer vinculado à Polícia[32]. É proibida, entretanto, a equiparação de tais institutos de perícia ao *status* de órgão de segurança pública, visto que esses são taxativamente elencados no artigo 144 da Constituição Federal (Brasil, 2021). Em suma, o órgão pericial não necessita estar vinculado a qualquer instância policial ou de segurança pública, bastando que ele preste auxílio técnico às requisições das Polícias, do Ministério Público, das autoridades judiciárias e da Administração Pública.

No mais, é importante lembrar que estão em tramitação quatro Propostas de Emenda à Constituição Federal — quais sejam, a PEC

---

31. A criação de órgãos periciais em diversos estados do Brasil ensejou Ações Diretas de Inconstitucionalidade no Supremo Tribunal Federal. São algumas: ADI 2.575/PR, ADI 2.616/PR, ADI 1.414/RS, ADI 1.159/AP, ADI 3.644/RJ, ADI 146/RS, ADI 2.827/RS e ADI 3.469/SC.

32. Trecho da ementa: "[...] 4. Não ofende o § 4º do art. 144 da Constituição a estruturação de um órgão composto por peritos criminais e médicos legistas, separado da Polícia Civil e autônomo. O art. 50 da Constituição do Estado do Paraná, na redação originária, embora faça menção ao órgão denominado de "Polícia Científica", por si só, não cria uma nova modalidade de polícia, como órgão de segurança pública, mas apenas disciplina órgão administrativo de perícia. Nada impede que o referido órgão continue a existir e a desempenhar suas funções no Estado do Paraná, não precisando, necessariamente, estar vinculado à Polícia Civil. [...]". BRASIL. Supremo Tribunal Federal. Ação Direta de Inconstitucionalidade 2575. Relator Ministro Dias Toffoli. Julgamento 24/06/2020. Diário Oficial Eletrônico 13/11/2020. Disponível em: http://portal.stf.jus.br/processos/detalhe.asp?incidente=1985762. Acesso em: 12 jan. 2021.

325/2009 (Brasil, 2009), a PEC 499/2010 (Brasil, 2010)[33], a PEC 117/2015 (Brasil, 2015)[34] e a PEC 76/2019 (Brasil, 2019)[35] — que pretendem regulamentar a situação da perícia criminal através da sua desvinculação das polícias, prevendo expressamente que os órgãos periciais são funções autônomas de segurança pública e unificando sua nomenclatura nos estados. Outra solução viável, e a mais desejada por 64% das associações de peritos criminais, é a inclusão dos órgãos periciais no capítulo da Constituição Federal que elenca as Funções Essenciais à Justiça (Lima, 2013, p. 76).

---

33. A PEC 499/2010 é de autoria do deputado federal Paulo Pimenta (PT/RS) e visa tornar a perícia oficial criminal um órgão da Segurança Pública. Foi apensada à PEC 325/2009. BRASIL. Câmara dos Deputados. Proposta de Emenda à Constituição nº 499, de 2010. Altera o inciso IV e acrescenta o § 10º ao art. 144 da Constituição Federal. Brasília, DF: Câmara dos Deputados, 2010. Disponível em: https://www.camara.leg.br/proposicoesWeb/fichadetramitacao?idProposicao=482984. Acesso em: 06 jul. 2021.

34. A PEC 117/2015 é de autoria da deputada federal Rosangela Gomes (PRB/RJ) e do deputado federal Reginaldo Lopes (PT/MG) e visa separar a perícia oficial não apenas no âmbito estadual, mas também da Polícia Federal. Foi apensada à PEC 325/2009. Em 2016 essa PEC teve o parecer aprovado na Comissão de Constituição, Justiça e Cidadania, mas, como está apensada à PEC 325/2009, a presidência da Câmara não deu andamento. BRASIL. Câmara dos Deputados. Proposta de Emenda à Constituição nº 117, de 2015. Separa a perícia oficial de natureza criminal das polícias civis e federal e institui a perícia criminal como órgão de segurança pública. Brasília, DF: Câmara dos Deputados, 2015. Disponível em: https://www.camara.leg.br/proposicoesWeb/fichadetramitacao?idProposicao=1673140. Acesso em: 06 jul. 2021.

35. A PEC 76/2019, de autoria do senador Antonio Anastasia (PSDB/MG), visa incluir as polícias científicas no rol dos órgãos de segurança pública, além de uniformizar a nomenclatura adotada pelos órgãos de perícia criminal brasileiros. BRASIL. Senado Federal. Proposta de Emenda à Constituição nº 76, de 2019. Altera a Constituição Federai, para incluir as polícias científicas no rol dos órgãos de segurança pública. Brasília, DF: Senado Federal, 2019. Disponível em: https://www25.senado.leg.br/web/atividade/materias/-/materia/136804. Acesso em: 06 jul. 2021.

Um massacre no antigo quilombo: casos isolados que se repetem

No dia 6 de fevereiro de 2015, foram disparados na Estrada das Barreiras, na Vila Moisés, 143 tiros de submetralhadora, dentre os quais 88 atingiram seus alvos. Não resta dúvidas de que essa madrugada ficou marcada na memória do bairro do Cabula e, principalmente, das famílias afetadas. O Cabula, bairro de tantas memórias, que já foi um quilombo perseguido, tornava-se, novamente, alvo de ocupação e de cerceamento da liberdade de seus moradores, território alvo de políticas de intervenção e despossessão violentas.

O caso que ficou conhecido como a Chacina do Cabula também nos serve, mediante uma análise mais detida, para compreender como o racismo se apresenta na corporificação do Instituto Médico Legal e da segurança pública do Estado, especialmente considerando o perfil demográfico da Bahia. A fim de capturar essa questão em toda sua complexidade, foi feita uma análise do processo, especificamente dos laudos periciais, bem como da reprodução simulada[36].

O Caso Cabula foi um evento trágico e ainda pouco investigado, que compõe o amplo léxico do genocídio do povo negro no Brasil. Minha pesquisa tem como motivação ética, política e acadêmica contribuir para compensar o débito inegável do programa de pós-graduação em Direito da Universidade Federal da Bahia em promover pesquisas sobre a atuação do sistema de justiça em casos de tanto impacto e relevância para comunidades negras.

---

36. Ambos foram juntados no processo de primeiro grau nº 0314066-69.2015.8.05.0001, que tramitou no 1º Juízo da 2ª Vara do Tribunal do Júri do Tribunal de Justiça do Estado da Bahia, Comarca de Salvador.

O difícil acesso aos documentos

É importante registrar que, apesar da grande repercussão do caso entre a população, os movimentos sociais e a mídia, o acesso ao processo não foi uma tarefa simples. Afinal, mesmo que informações básicas como o nome das vítimas, dos acusados e o número do processo fossem facilmente encontradas na internet ou em jornais, o grande furor sobre o acontecimento também resultou em sua blindagem com burocracias e sigilos de segredo de justiça.

Diante disso, minha primeira atitude para buscar os autos do processo foi entrar em contato com a Vara onde o processo tramitou. Como estávamos em período de pandemia da covid-19, com restrição de sair de casa, resolvi ligar para o cartório. Alguns servidores me informaram que, como eu era pesquisadora da área jurídica, não era incomum a liberação de uma senha de acesso para consultar processos em segredo de justiça, de modo que eu deveria enviar um e-mail com um pedido formal ao juiz do caso. Segundo os servidores, após analisar meus documentos e vínculos com a universidade, a liberação aconteceria facilmente. No entanto, minha mensagem para o juiz nunca foi respondida. As minhas ligações seguintes à vara não foram atendidas com a mesma simpatia da primeira. Percebi que, quando foi revelado o número do processo a que eu gostaria de ter acesso, as portas institucionais se fecharam.

Assim, decidi tentar obter os autos por outros meios, em outras instâncias por onde o processo tramitou em via recursal. Após buscas em diversos sistemas jurídicos, encontrei uma cópia dos autos com livre acesso através do Supremo Tribunal Federal (STF). Em uma das diversas vias recursais, o processo havia tramitado na casa através do Agravo em Recurso Extraordinário ARE 1221586 AgR[37], que foi

37. Todas as referências processuais não mencionadas especificamente neste livro serão sobre o processo judicial: ARE 1221586 AgR, Relator(a): Gilmar Mendes, Segunda Turma, julgado em 15/09/2021, Processo Eletrônico DJe-187 divulg 17-09-2021 public 20-09-2021. Daqui em diante, apenas será informado a que documento se faz referência especificamente no processo e as páginas correspondentes nos autos do sistema eletrônico do STF.

impetrado dentro do Incidente de Deslocamento de Competência que tramitou no Superior Tribunal de Justiça (STJ) sob o número de processo 0177605-17.2016.3.00.0000, quando tentaram federalizar o caso[38]. Foi possível acessar grande parte dos documentos na íntegra, de modo que me deparei com 12.570 páginas para consulta.

Diante da grande quantidade de documentos, foi necessário fazer uma triagem de quais seriam examinados de maneira qualitativa. Decidi separar as peças que considerava mais importantes no processo e que faziam referência aos laudos periciais para me aprofundar no exame. Foram elas: denúncia; pedido de diligências; ofícios trocados entre judiciário, polícia e órgãos periciais; inquéritos; decisões, sentenças; além de todos os laudos e provas técnicas produzidas pelos órgãos periciais, por óbvio.

Em posse das cópias digitalizadas, dei início à pesquisa documental. É importante salientar que na área jurídica, por sermos tão íntimos dos documentos como categoria, como ferramenta de trabalho, temos o olhar viciado em buscar apenas as informações que nos interessam (Reginato, 2017, p. 189). Assim, o desafio maior foi analisar para além das armadilhas escritas, avaliando também o que não estava escrito e qual a motivação, as entrelinhas, os caminhos burocráticos, o estado físico dos documentos... Enfim, analisá-los por inteiro (Cellard, 2014, p. 296).

---

38. O Incidente de Deslocamento de Competência, que é o pedido de federalização, foi suscitado pelo Procurador-Geral da República, Rodrigo Jan T Monteiro de Barros, após representação formulada pela ONG Justiça Global à Comissão Interamericana de Direitos Humanos.

Pele-alvo: o Cabula na mira da branquitude

O caso do Cabula permite enxergar todo o conjunto de instrumentos utilizados no terror racial e na imposição da violência contra as comunidades e os corpos negros. Nos moldes da própria fundação do Instituto Médico Legal Nina Rodrigues, o caso reedita o ataque não só a partir do extermínio físico de pessoas negras como também por meio da devassa de um território de resistência. Afinal, a história do bairro do Cabula é marcada por resistência, luta e rebelião negra: a comunidade se originou com a formação dos primeiros quilombos da cidade de Salvador, fazendo com que ela se tornasse importantíssima para o início das ondas de revoltas[39] que aconteceram na cidade, culminando na Revolta dos Malês, em 1835.

"Kabula" vem da língua quicongo (Santos; Pinho; Moraes; Fischer, 2010) e significa "mistério" (Mota; Freitas, 2014, p. 3). Segundo a etnolinguista Yeda Pessoa de Castro, o termo traz o significado litúrgico de um lugar para se afastar dos males (Castro, 1980), sendo, ao mesmo tempo, verbo e substantivo feminino, que designa um ritmo religioso muito tocado, cantado e dançado em celebrações (Santos; Pinho; Moraes; Fischer, 2010). Quando se remonta ao passado, nas matas do local hoje conhecido como Cabula e seus arredores, tais sons ecoavam pelas mãos dos sacerdotes quicongos. Por essa razão, a denominação dada ao toque dos atabaques dos rituais da religião de origem banto-angolana acabou por nomear a música, o quilombo e o que viria a se tornar o bairro do Cabula (Castro, 1980).

---

39. Apesar de ocorrências esparsas anteriores, foi a partir do início do século XIX que se tornou frequente a organização de protestos e levantes pelos escravizados da Bahia. O aumento do sequestro negro para o Brasil, a intensificação do trabalho, a tensão entre a população livre e os escravizados são os principais fatores que motivaram as rebeliões, que aconteciam de forma espontânea ou planejada, e mantinham os senhores de escravos em constante vigilância. Ver mais em: REIS, João José. Rebelião Escrava no Brasil: a história do levante dos malês (1835). São Paulo: Editora Brasiliense, 1986.

Como se pode depreender, ao longo da história do Instituto Nina Rodrigues diversas "coincidências" o ligaram a cenários devastados da história negra. Na realidade, a história de Nina Rodrigues e a do Cabula não se cruzam apenas pelos corpos negros levados ao IMLNR. Os primeiros relatos acadêmicos sobre o Cabula foram feitos por Rodrigues, quando ele trouxe à tona uma carta pastoral[40] escrita pelo bispo católico D. João Batista Correia Neri, em 1901, na qual o presbítero relatava a liturgia do culto Cabula e advertia sua diocese para os perigos da "seita" e da má influência das religiões afro-brasileiras para a população branca (Nery, 2010).

Seguindo essa mesma linha de ignorância das práticas negras, Nina reprovava o modo com que os adeptos da religião e os negros, de modo geral, falavam, criticando o que Lélia Gonzalez, mais tarde, viria a exaltar e denominar "pretuguês"[41].

> De fato, é curioso notar que os Negros têm uma tendência instintiva a aplicar ao português as regras porque se rege a gramática das suas línguas. Em alguns casos, a tendência toma uma feição tão grosseira que se impõe a exame superficial. Assim, nas práticas do estranho culto da Cabula, observado na sua diocese e descrito por D. Nery, quando bispo de Espírito Santo, a procedência ou origem Bantu dessas práticas se revelava não só no emprego de termos da língua Tu, mas ainda na aplicação de torneios manifestamente prefixativos pertencentes às línguas aglutinantes (Rodrigues, 2010).

40. Cartas pastorais são redigidas por bispos para advertir, instruir, dar orientações de comportamento em circunstâncias particulares ou consolar os membros da igreja da qual faz parte a autoridade religiosa.

41. O pretuguês, no pensamento da Lélia Gonzalez, é a africanização da língua portuguesa falada no Brasil. Ver mais em: Gonzalez (1984, p. 223-244); GONZALEZ, Lélia. A categoria político-cultural da amefricanidade. Tempo Brasileiro. Rio de Janeiro, n. 92/93, jan./jun., 1988.

Apesar de o bispo D. João e Nina Rodrigues rejeitarem a cultura africana incorporada aos costumes brasileiros, a presença do "pretuguês" é a materialização da fala, do jeito de agir e da forma de viver dos africanos — de diversas etnias — como maneira de resistência negra. A esse respeito, outros modos de resistir também prosperaram, como através das danças, dos ritmos, da religiosidade, das fugas e dos quilombos.

Os quilombos eram agrupamentos de negros escravizados fugidos ou livres, onde, como estratégia de oposição, rebeldia e resistência à escravatura, se tentava reproduzir um modo de vida africano afastado das zonas habitadas por brancos (Moura, 1993, p. 11). Os quilombos marcaram presença durante todo o período escravista e se espalharam por todo o território nacional (Moura, 1993, p. 13). Em Salvador, se concentravam nas terras afastadas da zona urbana. Entretanto, o Quilombo do Cabula era considerado um local vizinho ao centro urbano da primeira capital do país, se localizando "a pouco mais de cinco quilômetros do primeiro núcleo urbano de Salvador, e mais ou menos com a mesma distância da Baía de Todos os Santos" (Martins, 2017, p. 48-49). A curta distância não significava uma localização desprivilegiada, visto que o quilombo ficava no alto dos morros e colinas, em região de mata virgem fechada e de difícil acesso, perfazendo verdadeiros mirantes e dificultando o ataque militar de tropas e capitães do mato. Além do mais, a localidade já era comumente evitada pelos portugueses em virtude da presença de indígenas Tupinambás, que acolheram, ou ao menos permitiram, o trânsito negro no local (Martins, 2017, p. 48-49).

Tais características contribuíram para que o Quilombo do Cabula fosse local de integração dos fugitivos aquilombados com os escravizados urbanos, sendo ponto de fugas temporárias, descanso, esconderijo, moradia e centro de assistência também dos chamados escravos de ganho[42]. A estes era possibilitado frequentar o quilombo e retornar à cidade para seus afazeres, o que facilitava a tarefa de mensageiro do movimento de revolta pelas ruas da cidade e a venda de mercadorias produzidas ou roubadas pelo quilombo para financiar a continuidade da luta e do acolhimento (Schwartz, 1996, p. 385).

Esse distanciamento das instâncias de poder e controle brancos, simultâneo à possibilidade de frequência assídua e discreta ao quilombo, permitiu que os negros aquilombados mantivessem certa autonomia cultural e religiosa, de modo que podiam instituir seus terreiros de candomblé e praticar outras religiões de matrizes africanas no local (Schwartz, 1814, p. 377). Assim, enquanto os frequentadores do quilombo reforçavam a própria cultura, adensavam a principal arma revolucionária dos quilombos: a união e os laços formados com os seus. Não à toa, Janice Nicolin afirma que "nas matas do Cabula, estavam os mais valentes e fortes guerreiros que batalharam arduamente, derramaram sangue e plantaram o sentido de luta contra a servidão voluntária e contra a aceitação passiva de escravizados" (Nicolin, 2007, p. 57).

Justamente por eles representarem tanta força, o conde português João de Saldanha da Gama Mello e Torres Guedes de Brito, governante da Bahia, entre 1805 e 1809, ordenou a destruição dos quilombos do Cabula. Por temer um acontecimento semelhante ao ocorrido poucos anos antes no

---

42. Os trabalhadores de rua eram, em sua maioria, escravizados e libertos nascidos na África, ou seus descendentes. Os homens se ocupavam de carregar e transportar coisas e pessoas em cadeiras de arruar, já as mulheres perambulavam vendendo todo tipo de mercadoria e serviços. Eram chamados de ganhadores ou ganhadeiros, pois os ganhos dos seus trabalhos permitiam que poupassem alguma quantia excedente para comprar a própria alforria, após o pagamento combinado com o senhor. Ver mais em: REIS, João José. Ganhadores: a greve negra de 1857 na Bahia. São Paulo: Companhia das Letras, 2019.

Haiti[43], dedicou o seu governo à repressão de toda forma de resistência e rebelião escrava. Em 1807, expedições localizaram, invadiram e destruíram comunidades quilombolas na região do Cabula (Reis, 1996, p. 334).

A esse respeito, consta em documentos históricos que a emboscada destroçou a estrutura do quilombo, prendendo e matando diversas pessoas, entre ex-escravizados e alforriados que habitavam o local. Todavia, a logística de resistência fez com que muitos dos habitantes conseguissem fugir e construir outros quilombos, perpetuando essa dinâmica como forma de resistência por anos, até a abolição da escravatura.

Uma das muitas emboscadas que ocorreram na região do Cabula foi narrada por João José Reis, no livro "Rebelião Escrava no Brasil":

> De acordo com o depoimento de um dos soldados, os rebeldes contavam com cerca de 50 homens "e também algumas pretas". Todos resistiram furiosamente com facas, facões, espadas, lanças, navalhas, foices, lazarinas e umas poucas espingardas. O grito de guerra "morra branco e viva negro" cobria Urubu naquele dia. Mas depois de um breve enfrentamento as forças legais prevaleceram, matando três homens e uma mulher, fazendo outros prisioneiros. A maioria, contudo, conseguiu se refugiar nas matas. Nesta mesma tarde chegaram 200 soldados das tropas regulares de primeira linha, mandadas ao local pelo presidente da província, que imaginara estar diante de uma rebelião mais séria à vista de notícias exageradas correntes na cidade. Os soldados chegaram atrasados a Urubu. Só prenderam um africano, de ceroulas, com um ferimento profundo no pescoço, em quem vestiram paramentos de rituais religiosos

43. A Revolução Haitiana foi uma rebelião negra de escravizados e libertos que levou a parte ocidental da ilha de São Domingos à independência. Inspirados pelos ideais da Revolução Francesa e revoltados com as condições violentas do sistema colonial escravista dos franceses, os negros lutaram até conquistar a abolição da escravidão em todas as colônias francesas e a independência de São Domingos, que foi nomeado como Haiti. Ver mais em: MOREL, Marco. A Revolução do Haiti e o Brasil Escravista: o que não deve ser dito. Jundiaí/SP: Editora Paco, 2017.

> africanos — esse pode ter sido o preso visto pelo cronista a quem nos referimos acima. Os militares também informaram haver encontrado cinco cadáveres de rebeldes, "sendo público que elles se degollarão uns aos outros". Sem dúvida uma forma inédita de suicídio coletivo. Parece que mais uma vez os soldados decidiram fazer justiça com as próprias mãos, confiados na impunidade (Reis, 1996, p. 75).

Fica evidente na operação de ataque ao Quilombo do Urubu narrada por Reis que o *modus operandi* de forjar situações para justificar a matança de negros por militares não é recente, mas uma tática introduzida desde os tempos da escravatura. Percebe-se que, portanto, 208 anos mais tarde, a base racista com que a institucionalidade opera no território pode ser revisitada de maneira inconteste na Chacina do Cabula.

Os pontos comuns entre os casos — que não guardam nenhuma relação com o acaso, mas com intencionalidades — não param nos métodos, haja vista que os justiceiros do Cabula percorreram, como veremos, o mesmo caminho de impunidade dos militares do Urubu. Fato é que, tantos anos depois, a política de segurança pública incentiva e demanda o aniquilamento nos espaços marcados pela negritude[44].

---

44. No caso da Chacina do Cabula, em 2015, o pacto velado de antinegritude acabou sendo explicitado pelo apoio das autoridades máximas da segurança pública no Estado à ação. Horas após o ocorrido, o governador da Bahia Rui Costa fez um discurso para uma plateia formada de policiais militares e oficiais, e comparou os policiais a artilheiros em frente ao gol, dizendo que se acertassem seriam ovacionados, mas se tomassem uma decisão errada seriam massacrados. Depois dessa metáfora, em que a vida de 18 jovens negros é igualada a um gol de futebol, afirma que estaria sempre disponível para defender os seus policiais que agissem com a energia necessária. E que na situação vivida não havia indícios de excessos, tendo os policiais feito um golaço. Ver mais em: 'É COMO UM ARTILHEIRO em frente ao gol', diz Rui Costa sobre a ação da PM com doze mortos no Cabula. Correio 24 Horas. Bahia. 06 fev. 2015. Disponível em: https://www.correio24horas.com.br/noticia/nid/e-como-um-artilheiro-em-frente-ao-gol-diz-rui-costa-sobre-acao-da-pm-com-doze-mortos-no-cabula/. Acesso em: 25 fev. 2022.

Segundo João Vargas, por serem locais de concentração de negros, tanto os quilombos como as favelas se tornaram áreas "que denotam espaços sociais geograficamente delimitados, são imediatamente associadas à negritude, e assim [se] tornam lugares saturados de características negativas, poluidoras e ameaçadoras: não lugares" (Vargas, 2020, p. 22). Assim, independentemente do caso concreto, o racismo é a variável que fundamenta e legitima a excessiva violência das agências do sistema penal (Flauzina, 2006, p. 30).

Como descrito por Frantz Fanon, foi desenvolvida uma narrativa em que o negro não é encarado como um indivíduo com valores humanos, de modo que a sua presença foi esvaziada de humanidade e preenchida por uma suposta ameaça aos pertencentes à sociedade. A pessoa negra tornou-se uma referência de perigo. A sua ausência física tornou-se um desejo tido como necessário. A sua presença, uma ameaça. Nesses termos, a eliminação do negro é vista como uma melhoria na sensação de segurança nos moldes da segurança pública instalada na Bahia e em todo o Brasil (Flauzina, 2006, p. 30). Ou seja, quanto mais demonstrações de extermínio de corpos negros, mais forte é a sensação de segurança para a população não negra — aqueles que detêm o *status* de ser humano.

Um pacto por quais vidas?

Apesar de todo o discurso retórico em contrário, é dentro dessa lógica antinegritude que se pavimenta o Pacto pela Vida, modelo de segurança pública aplicado na Bahia desde 2011. Baseado nos padrões policialescos e punitivistas, desconsiderando o racismo intrínseco de um país que foi forjado na ótica da escravidão, entre muitos outros erros e falhas já detalhados e discutidos por Felipe Freitas (2015), o projeto resultou em números que refletem o genocídio do povo negro.

Assim, a Bahia, que é o estado brasileiro com a maior proporção de negros na população (IBGE, 2005), também apresentou o maior número de mortes violentas em 2021. Segundo o Monitor da Violência, uma parceria entre o G1, o Núcleo de Estudos da Violência da USP e o Fórum Brasileiro de Segurança Pública, naquele ano a Bahia teve um índice de 34 mortes a cada 100 mil habitantes, totalizando 5.099 crimes violentos no decorrer do ano (G1, 2022).

Apesar de não termos a informação da cor ou raça dessas vítimas no ano de 2021, podemos ter uma noção quantitativa a partir dos dados de 2019, em que 94% das vítimas de homicídio na Bahia eram negras (Atlas da violência, 2021). A Bahia também lidera a estatística de mortes em operações policiais entre os estados do Nordeste: foram 461 mortes registradas e 49 feridos. Além disso, houve 247 vítimas em chacinas, sendo 165 vítimas fatais (Ramos, 2021, p. 18). Quando analisados os dados das mortes provocadas por agentes da força policial da Bahia, 98% dos assassinados pela polícia em 2020 são pessoas negras (Ramos, 2021, p. 9).

Seguindo esse fluxo de morte e extermínio negro, chegamos ao IML. E não para que os corpos sejam colocados aos pés do Iroco, como sugere a tradição ancestral africana. Os corpos de maioria negra são encaminhados para o Instituto porque assim dispõe o Código de Processo Penal. Afinal, todos os vestígios de crimes violentos devem ser examinados pelo instituto. Os corpos devem ser, mais uma vez, atravessados, agora por burocracias e laudos periciais, para que possam, enfim, descansar. Para morrer em paz, os corpos devem ser novamente mortos pelo IML (Medeiros, 2016).

Ao longo dos próximos capítulos serão seguidos os rastros e vestígios deixados no local do crime e nos corpos das vítimas[45]. As perícias de Sobrevivente Caio (15 anos), Caique Bastos dos Santos (16 anos), Natanael de Jesus Costa (17 anos), Rodrigo Martins de Oliveira (17 anos), Tiago Gomes das Virgens (18 anos), Bruno Pires do Nascimento (19 anos), Sobrevivente Jorge (19 anos), Vitor Amorim de Araújo (19 anos), Agenor Vitalino dos Santos Neto (19 anos), Sobrevivente Ícaro (20 anos), João Luis Pereira Rodrigues (21 anos), Adriano de Souza Guimarães (21 anos), Sobrevivente Mateus (22 anos), Jeferson Pereira dos Santos (22 anos), Sobrevivente Rafael (22 anos), Evson Pereira dos Santos (27 anos), Ricardo Vilas Boas Silva (27 anos) e Sobrevivente Jonathan (31 anos) nos mostrarão os segredos e obviedades das práticas do IML.

---

45. Optamos por nomear as vítimas mortas da Chacina do Cabula por entender ser necessário dar visibilidade a suas vidas enquanto seres humanos com identidades e trajetórias que vão além da posição de vítima nessa tragédia. Ademais, pela visibilidade que o caso ganhou, os nomes são facilmente encontrados em meios de comunicação. No entanto, preservaremos os nomes das vítimas sobreviventes, por entender que estas não devem ser cristalizadas na posição de vítimas, pois têm o direito ao esquecimento e a seguir em frente sem ser atrelados a uma tragédia que merecem superar. Além disso, anunciar os nomes dos sobreviventes seria temerário, na medida em que há sempre a possibilidade de retaliação e represálias contra os que testemunham as violências deflagradas por agentes de estado. Assim, os sobreviventes serão referidos por pseudônimos.

PARTE 2

ENTRE BECOS, VIELAS, MACAS, LAUDOS E ENTRELINHAS

Atualmente, todas as perícias da cidade de Salvador e de sua Região Metropolitana são realizadas e/ou processadas no Complexo do Departamento de Polícia Técnica, localizado no Vale dos Barris, no bairro do Garcia. No entanto, o complexo continua recebendo encaminhamentos de diversos outros municípios, embora o interior do estado tenha a sua própria divisão, composta por órgãos periciais específicos — espalhados em trinta cidades e coordenados pela Diretoria do Interior (Bahia, 2021).

Esses e todos os demais exames periciais oriundos da demanda da Capital e Região Metropolitana são realizados em cooperação pelos outros quatro institutos que compõe o DPT, quais sejam: o Instituto de Identificação Pedro Mello, o Instituto de Criminalística Afrânio Peixoto, o Laboratório Central de Polícia Técnica e o Instituto Médico Legal Nina Rodrigues.

Laudo pericial: mapeando a técnica e a teoria

Os órgãos oficiais de perícia são instituições do Estado responsáveis por realizar, no contexto do sistema judiciário, os exames de corpo de delito. Corpo de delito é o conjunto de vestígios materiais deixados pelo fato, ou seja, as evidências materiais em si, a substância que denota a materialidade do crime; o exame de corpo de delito, por sua vez, consiste nas diligências periciais realizadas sobre o corpo de delito para processá-lo. Assim, a realização de perícia tem a finalidade de produção de prova que contribua para identificar se houve ou não fato contrário à lei, através da análise dos vestígios deixados em locais de crimes (França, 2017, p. 13).

No Brasil, o Código de Processo Penal (CPP) é o principal dispositivo legal que alicerça o trabalho de perícia criminal, haja vista a detalhada previsão do referido exame de corpo de delito e da cadeia de custódia[46] em seu Capítulo II. Em especial, o artigo 158 trata da indispensabilidade do exame quando houver a prática de crime que deixe vestígios[47]. Por essa razão, todos os resíduos materiais encontrados em uma suposta cena de crime deveriam passar por procedimentos periciais dentro da cadeia de custódia, originando documentos denominados laudos periciais. Nas palavras de Genival França, os laudos periciais são a materialização das perícias e dos objetos examinados por peritos criminais (França, 2017, p. 13). Para tanto, o Estado criou diversos institutos com o intuito de procedimentalizar tais tarefas.

Nesse contexto, o Instituto de Identificação Pedro Mello (IIPM) é o responsável por realizar identificações civis, criminais e funcionais, através de técnicas papiloscópicas — leitura biométrica de impressão digital — em pessoas vivas ou mortas (Bahia, 2021). No Instituto de Criminalística Afrânio Peixoto (ICAP), por sua vez, são internamente

46. "Art. 158-A. Considera-se cadeia de custódia o conjunto de todos os procedimentos utilizados para manter e documentar a história cronológica do vestígio coletado em locais ou em vítimas de crimes, para rastrear sua posse e manuseio a partir de seu reconhecimento até o descarte." A cadeira de custódia compreende o rastreamento do vestígio nas seguintes etapas: reconhecimento, isolamento, fixação, coleta, acondicionamento, transporte, recebimento, processamento, armazenamento e descarte, todas descritas no art. 158-B do CPP.

47. "Art. 158. Quando a infração deixar vestígios, será indispensável o exame de corpo de delito, direto ou indireto, não podendo supri-lo a confissão do acusado."

realizados os exames periciais na área de balística forense; contábeis; consulta monodactilar (impressão digital achada em locais de crimes); documentoscopia (autenticidade de documentos); topografia, modelagem e desenho (retrato falado); audiovisuais e computação forense. Ademais, também são realizadas pelo ICAP as perícias em diligências externas em locais de crimes contra a vida — inclusive decorrentes de intervenção policial —, contra o patrimônio, contra o meio ambiente, bem como perícias em veículos e de engenharia legal (Bahia, 2021).

No Laboratório Central de Polícia Técnica (LCPT), é concentrada a realização de exames e testes laboratoriais de criminalística e medicina legal, como suporte a outros institutos da polícia técnica. A instituição também emite laudos que versam sobre biologia, física, fotografia, hematologia, genética, bromatologia (estudo dos alimentos), química, toxicologia, entomologia forense e análises ambientais. Além disso, são realizados no LCPT testes para identificação de drogas, exames físico-descritivos de armas, vestes e instrumentos de crimes, estimativas de tempo de morte, levantamentos fotográficos e filmagens de locais de crimes, exames genéticos, entre outros (Bahia, 2021).

Finalmente, o IMLNR, como vimos, realiza as atividades periciais em vivos, como exames de sexologia forense, odontologia legal e clínica médica, além das perícias em cadáveres, como necrópsias, exumação, colheita necropapiloscópica e antropologia física (Bahia, 2021).

Importante dizer que, apesar da especialização das perícias realizadas em cada Instituto, um mesmo laudo pode ser construído a partir da colaboração entre dois ou mais deles, a depender da demanda. Assim, um cadáver com marcas de projétil que, hipoteticamente, chega ao IML para realização de um laudo necroscópico também terá suas impressões digitais colhidas e encaminhadas ao IIPM para que se identifique a pessoa morta. Ao mesmo passo, precisará da expertise do LCPT para estimar o intervalo *post mortem*, bem como para verificar se a pessoa morta estava sob efeitos de substâncias psicotrópicas. Será necessário, ainda, que o ICAP faça o exame balístico do projétil de arma de fogo encontrado dentro do cadáver, realizando uma comparação com as armas apreendidas, por exemplo.

No entanto, apesar de constar no ordenamento jurídico a obrigatoriedade do exame pericial, o ato não se dá de maneira automática, após a notícia do suposto cometimento de um crime. É apenas com a provocação dos órgãos periciais pelas autoridades legalmente autorizadas, via ofício ao diretor da instituição, que as atividades periciais têm início. Afinal de contas, durante o inquérito, compete aos profissionais no cargo de delegados de Polícia Civil à frente do inquérito policial[48], aos presidentes de inquéritos militares e aos presidentes de Comissões Parlamentares de Inquérito requisitar as diligências. Já na fase processual, a autoridade judiciária do magistrado é a única autorizada. No entanto, o promotor de justiça pode recomendar, a quem de direito for, a realização de perícia para dar suporte ao oferecimento de denúncia (Polícia técnica de Sergipe, 2018, p. 17).

Diante desse arranjo, podemos inferir que a necessidade de intermediação entre os interessados e os órgãos periciais é o primeiro filtro burocrático na trama de acesso às verdades produzidas através da perícia. Essa questão se mostra relevante principalmente quando se leva em consideração que apenas algumas autoridades e o órgão acusatório têm a prerrogativa de requisitar as perícias oficiais e fazer questionamentos técnicos sobre o caso, direcionando o olhar do perito na execução do exame pericial. Tal enviesamento dificulta uma perícia isenta de estereótipos institucionais, sobretudo quando é notório que as instituições às quais pertencem tais autoridades tem uma tendência na seleção de seus suspeitos e objetos institucionais.

---

48. Art. 50, V, "b" da Lei 11.370/1994. *In:* BAHIA. Governo do Estado. Lei n. 11.370, 04 de fevereiro de 2009. Institui a Lei Orgânica da Polícia Civil do Estado da Bahia, e dá outras providências. Diário Oficial do Estado da Bahia; Poder Executivo, Salvador, BA e Art. 2, §1 da Lei 12.830/2013. *In:* BRASIL. Lei n° 12.830, de 20 de junho de 2013. Dispõe sobre a investigação criminal conduzida pelo delegado de polícia. Poder Executivo. Brasília, DF.

É bem verdade que qualquer das partes pode habilitar assistente técnico[49] para inspecionar a elaboração da prova pericial. Esse assistente pode redigir um parecer sobre as diligências realizadas pelo perito oficial como um contraponto para a formação da convicção do juízo; porém, tal habilitação acontece apenas quando iniciada a fase processual. Isso posto, tendo em vista que, por força do artigo 159, §4 do CPP, os assistentes indicados só podem atuar após a conclusão dos exames e da elaboração dos laudos pelos peritos oficiais — que são realizados em fase de inquérito —, na prática o assistente não tem acesso a grande parte dos materiais probatórios, que no processo penal são em maior número irrepetíveis e perecíveis, limitando-se ao exame indireto do laudo produzido pelo perito oficial.

Para melhor compreendermos essa questão, podemos nos valer de outra situação hipotética. Imaginemos a ocorrência de um homicídio: a polícia foi notificada, isolou a área de pronto, e um delegado requisitou a perícia de local do crime, da arma do crime e um exame necroscópico. Atendendo ao chamado, os peritos desenvolverão o seu trabalho com a finalidade de responder as perguntas do delegado requisitante. Uma vez respondidas as perguntas no laudo pericial, o documento será juntado ao inquérito policial. É apenas quando — e se — o inquérito se torna um processo judicial que as partes envolvidas (família da vítima, suposto autor do crime e demais interessados) poderão habilitar um profissional particular de assistente técnico para analisar as diligências desenvolvidas pelos peritos oficiais. Ocorre que, nesse momento, pouquíssimas provas poderão ser reexaminadas por esse profissional, visto que o local do crime já terá sido completamente contaminado pelo tempo e pela vida cotidiana, o corpo da vítima já terá sido sepultado, restando somente a arma do crime já manipulada, além de amostras de sangue, pólvora ou outros materiais, caso tenham sido colhidas por um perito zeloso.

49. Assistente técnico é o profissional especializado em determinada área, indicado e contratado por uma das partes para auxiliar na elaboração da prova pericial.

Logo, o trabalho para exercer o contraditório do assistente técnico vai depender de quais perguntas foram feitas pelo delegado, da maneira como o perito as respondeu e de um possível bom processamento da cadeia de custódia. No entanto, o que ocorrerá se as perguntas estiverem enviesadas, levando o perito a seguir um rastro específico no único momento de examinar os vestígios? O que acontecerá se a perícia tiver sido executada por um terceirizado sem a qualificação necessária? E se o laudo tiver sido redigido a partir de modelos padronizados? São muitos questionamentos que não poderão ser respondidos por um assistente técnico que tem acesso apenas à leitura de um laudo pericial estático.

Além do mais, há que se considerar a capacidade efetiva das pessoas de arcar com os custos de um assistente técnico no Brasil. Cabe lembrar que a perícia oficial serve ao poder judiciário e à acusação, devendo a defesa, caso ache necessário, arcar com as despesas de profissionais particulares, o que, na prática, não é viável para grande parte da população.

É preciso, ainda, esmiuçar outras questões para que tenhamos pleno entendimento dos laudos periciais, incluindo todas as etapas que compõem a sua elaboração. Primordialmente, a perícia é uma etapa dentro da cadeia de custódia, sendo caracterizada por um maior fluxo descrito no artigo 158-B do Código de Processo Penal, que inclui reconhecimento, isolamento, fixação, coleta, acondicionamento, transporte, recebimento, processamento, armazenamento e descarte. Quanto à produção do laudo em si, trata-se de peças escritas que devem conter a descrição minuciosa dos estudos realizados, sendo formalmente divididas em preâmbulo, quesitos, histórico, descrição ou exposição, discussão, conclusões e resposta aos quesitos.

No preâmbulo, são fornecidas as informações protocolares referentes a: data, horário e local da realização do exame, nome da autoridade requisitante e determinadora da perícia, informações de identificação do perito, além da qualificação do examinado França, 2017, p. 36). Nos quesitos, por sua vez, as autoridades fazem perguntas, através do documento de "Requisição de Exame Pericial", a fim de que sejam objetivamente respondidas pelo perito. No que compete às ações penais, existem quesitos oficiais obrigatórios e padronizados[50], o que não impede que novas perguntas sejam adicionadas, a depender do caso. As únicas exceções são para as perícias psiquiátricas e exumações, em que as questões devem ser elaboradas inteiramente pelas autoridades requisitantes, caso a caso (França, 2017, p. 36).

Outra parte presente no laudo pericial é o histórico, em que o perito traz um breve relato dos fatos ocorridos, utilizando informações provenientes dos dados transcritos da guia de remoção do cadáver e da requisição de exame pericial, seja por parte da vítima, do indiciado (quando presente no momento da perícia) ou das suspeitas que pairam sobre o caso (França, 2017). Noutras palavras, é uma narrativa dos fatos a partir do olhar da polícia, ou de como chegaram a ela, sendo, portanto, extremamente suscetível a vícios inerentes a esse olhar.

Considerada a etapa mais importante do laudo, a descrição ou exposição consiste no momento em que o perito exerce o *visum et repertum*, ou seja, vê e relata o que encontrou no exame (Bittar, 2018, p. 58). Nessa fase, é necessário interpretar, justificar e descrever, minuciosamente, cada elemento observado, importando trazer a localização, direção, número, extensão, largura, disposição e profundidade das lesões ou anormalidades encontradas. É possível, também, inserir imagens, fotografias, esquemas e desenhos para melhor ilustrar e localizar as informações descritas (França, 2017, p. 36). Em seguida, na discussão, o perito analisa cientificamente as lesões descritas na etapa anterior, comparando-as com as informações trazidas no histórico. A partir disso, formula hipóteses a respeito da mecânica do crime. Além disso, também pode

---

50. As diferentes quesitações obrigatórias foram redigidas por juristas selecionados e aprovadas pela comissão que elaborou o Código de Processo Penal de 1941. Os quesitos para os exames cadavéricos, por exemplo, têm a seguinte composição: "1°) Houve morte? 2°) Qual a causa da morte? 3°) Qual o instrumento ou meio que produziu a morte? 4°) A morte foi produzida por meio de veneno, fogo, explosivo, asfixia ou tortura, ou outro meio insidioso ou cruel?"

citar doutrina e literatura médica para robustecer as conjecturas do caso concreto (Bittar, 2018, p. 58).

A conclusão do laudo pericial é caracterizada por Neusa Bittar como a "tomada de postura quanto à ocorrência ou não do fato, baseada no confronto dos dados do histórico e do exame realizado, de forma concisa e clara, com deduções afirmativas, negativas ou impossibilidade de firmar uma posição, se houver dúvida" (Bittar, 2018, p. 58). Por fim, no capítulo designado à resposta aos quesitos, expõe-se a resposta dos peritos às perguntas listadas anteriormente, de forma objetiva e sucinta. Importa ressaltar, mais uma vez, que da resposta se pode inferir a inconclusão do laudo, quando o perito não estiver munido de informações científicas suficientes para negar ou afirmar algo.

Não existe, no ordenamento brasileiro, hierarquia entre os meios de prova no momento da formação de convicção do julgador, tratando-se de diferentes metodologias que visam à aproximação e construção da verdade nos autos. Todavia, embora assim suponha a teoria, não é o que vemos na prática.

No cotidiano do Judiciário e das organizações policiais, quanto pesa a perícia diante do testemunho de policiais? Essa é a pergunta que os corpos dos 16 jovens levados ao IML após os eventos de 6 de fevereiro de 2015 tentaram gritar, em resposta aos peritos. Seguindo as lógicas de um sistema de justiça estruturado pelo racismo, constatamos que suas vozes foram silenciadas e sufocadas pelas mordaças das burocracias e de quesitos que em nada contribuíam para fazer a verdade vir à tona.

Disse me disse: fé pública, faca amolada

Na noite em questão, poucos fatos são incontroversos. Um deles é que a Vila Moisés, local onde os corpos foram alvejados, estava muito escura: tanto os sobreviventes e testemunhas quanto os policiais militares relataram que as luzes dos postes estavam apagadas, diferentemente do dia da realização da reprodução simulada[51], em 27 de maio de 2015. Não à toa, um dos sobreviventes chegou a relatar que, no dia da chacina, "a noite estava mais escura", um indício de que o Estado chegara, mais uma vez, atrasado na Vila Moisés. A polícia, os tiros e o pânico foram mais rápidos do que as políticas de iluminação pública que clarearam os caminhos da Estrada das Barreiras.

Na reprodução simulada, 110 dias após a fatídica noite, a iluminação dos postes estava lá, sinalizando uma espécie de "faxina às pressas", antes de a visita chegar. Afinal de contas, os holofotes midiáticos estavam voltados para aquela comunidade até então esquecida. Por ironia, as luzes restauradas no intuito de pressupor vigilância e cuidado agora serviam para escancarar as ausências estatais naquele local. Ainda assim, indiferentes à necessidade de explicações por parte do Estado diante de tantas omissões e ausências, os peritos responsáveis pela reprodução simulada reduziram a questão às diferentes luminosidades das fases da lua, que, à época da chacina, estava entre lua cheia e quarto minguante, e, no dia da reprodução, se encontrava entre quarto crescente e lua cheia, prejudicando a "fiel reprodução das condições de luminosidade no local".

Com esse simples exemplo, é possível perceber que, mesmo diante dos fatos incontroversos do caso, há muitas formas de narrar o acontecido na Chacina do Cabula. Imaginemos, então, as discrepâncias do que não foi um consenso naquela noite. Seriam os laudos capazes de analisar todas essas possibilidades? Sobre essa pergunta nos debruçaremos, guiados pelas palavras dos sobreviventes e das testemunhas da comunidade.

Recapitulemos, então, os fatos através da memória das vítimas: na noite do dia 5 de fevereiro de 2015, Sobrevivente Rafael, de 22 anos, foi visitar dois amigos na Estrada das Barreiras. Saiu de casa às 22 horas e, após momentos de descontração com os amigos, retornava para sua

51. Todas as referências processuais não mencionadas especificamente neste capítulo serão sobre o processo judicial: ARE 1221586 AgR, como dito no capítulo anterior. Reprodução Simulada, p. 10559

residência, no Conjunto ACM, por volta da meia-noite e meia, já na madrugada do dia 6 de fevereiro[52]. Essa seria apenas mais uma interação social habitual e sem riscos, caso Rafael não fosse um jovem negro e não vivesse num bairro periférico. Esses elementos são chamariz do perigo em qualquer atividade corriqueira. Achille Mbembe explica que a raça e a territorialização são chaves que autorizam o Estado a utilizar a lógica da inimizade em nome da proteção da humanidade, permitindo, assim, a morte e o extermínio dos considerados inimigos, de modo que esses indivíduos vivam em um constante estado de exceção (Mbembe, 2018, p. 8). Em outras palavras, uma pessoa negra moradora de favela está sempre em situação de perigo de morte, inclusive praticada pelo Estado, simplesmente pelos códigos de negritude e territorialidade que carrega em si. E ela não precisa se confrontar com as palavras de Mbembe para saber disso.

Rafael estava retornando para casa, quando foi surpreendido por pessoas da comunidade correndo na sua direção e gritando "é vem a polícia", como se estivessem evitando alguém que os perseguia. Em seguida, o que parecia um pouco mais do que uma dúzia de pessoas correu em direção ao terreno baldio rodeado por um matagal que os moradores chamavam de "campinho". Rafael correu junto ao grupo, pensando em depois se desvencilhar da aglomeração em meio à vegetação, quando foi baleado por uma rajada de tiros que veio de dentro do matagal. Ao ser atingido na cabeça e na perna direita, caiu no chão.

Ainda consciente, mesmo não "devendo nada para a polícia", Rafael sentiu medo por estar na rua àquela hora da noite e se fingiu de morto. Assim, pôde presenciar o momento em que um grupo de policiais saiu do esconderijo no matagal bradando: "Aqui é a Rondesp". Pôde visualizar, ainda, que parte daquelas pessoas que corriam da polícia estavam desfalecidas no chão, provavelmente também baleadas. Os policiais, então, começaram a direcionar as luzes para os rostos das vítimas, em busca de sobreviventes, mas Rafael permaneceu inerte.

---

52. Termos de Declaração dos Sobreviventes, p. 3895-3904.

Sobrevivente Jonathan, com 31 anos à época, não estava próximo ao grupo de pessoas com que Rafael se juntou, mas decidiu correr para o mesmo terreno baldio na tentativa de evadir pela vegetação após ser avisado da chegada da polícia. Ele também foi alvejado pelos disparos vindos das matas, sendo atingido por sete tiros, mas conseguiu correr alguns metros antes de cair ao chão e foi capaz de se esconder no matagal. De lá, pôde ver os policiais "matando seus amigos" e atirando tanto nos que corriam quanto nos feridos caídos ao chão, assim "acabando de matá-los".

Tendo assistido à situação de certa distância, Jonathan afirmou que, das pessoas que corriam no grupo, apenas três ou quatro estavam armadas com revólveres, mas não dispararam nenhuma vez, pois foram surpreendidas. Na prática policial, essa tática de tocaia e emboscada é conhecida como "Troia", em referência à história do cavalo de madeira usado pelos gregos antigos para adentrar as muralhas de Troia[53]. Segundo Jonathan, já com as vítimas caídas, os próprios policiais deram muitos tiros para cima e para o chão com armas pequenas, diferentes das que usaram anteriormente. Apenas uma pessoa, entre as vítimas, estaria vestida com um casaco de estampa camuflada. Já Rafael afirmou que todas as pessoas estavam vestindo "roupas normais" e que não notou ninguém armado, o que demonstra que essas não devem ter sido uma característica predominante no grupo, a ponto de chamar a atenção da polícia.

Rafael, que permanecia se fingindo de morto, relatou que, cerca de dez minutos após os tiros cessarem, três viaturas chegaram. Os policiais, então, pegaram as vítimas no chão, inclusive o depoente, e as jogaram no camburão. Pela falta de cautela com que agiram, era nítido que achavam que todos estavam mortos. Na viatura, Rafael ficou ao

---

53. Sobre a Troia na prática policial, ler mais em: FRANCO, Luiza. Caso Kathlen: 'troia', a controversa tática policial que pode estar por trás de morte de jovem grávida no Rio. BBC News Brasil. Rio de Janeiro, 16 jun. 2021. Disponível em: https://www.bbc.com/portuguese/brasil-57496191. Acesso em 03 jun. 2022.

lado de três cadáveres e não conseguiu ouvir a conversa dos policiais, pois teve perda momentânea da audição do ouvido direito em virtude do disparo na cabeça, além de que o barulho do giroflex e da sirene era mais alto do que as vozes de dentro do carro.

Ao chegar no Hospital Geral Roberto Santos (HGRS), próximo do local da chacina, os policiais abriram a parte traseira da viatura, e dois profissionais do hospital se aproximaram. De pronto, perceberam que Rafael estava vivo e começaram a fazer os primeiros procedimentos para preservar a sua vida. Rafael contou que os policiais se mostraram muito surpresos por ele estar vivo e não permitiram que os profissionais de saúde o atendessem. Durante a confusão, ele caiu da maca e ficou no chão. Arrastou-se até a recepção do hospital, gritando de dor e implorando para ser atendido, até que foi colocado em uma maca no corredor do hospital. Enquanto esperava atendimento, foi levado por dois policiais militares para uma sala com um cadáver dentro de um saco preto. Os policiais, em uma prática de tortura, forçaram a cabeça de Rafael em direção ao cadáver e questionaram se ele gostaria de ter o mesmo destino, obrigando-o a dizer que a situação havia sido uma troca de tiros. Caso não o fizesse, os policiais afirmaram que "iriam matar seu pai e sua família" [54].

Amedrontado, traumatizado e cercado de policiais no momento do seu primeiro depoimento na Delegacia, Rafael contou que tinha participado de uma troca de tiros. No entanto, nos depoimentos seguintes, na presença do Ministério Público, da Defensoria Pública e de advogado particular, contou a versão aqui reverberada.

A situação de Jonathan foi diferente da vivida por Rafael. Jonathan conseguiu se ocultar no mato e não foi encontrado pelos policiais. Ficou esperando o dia amanhecer para pedir ajuda e, por volta das 6 horas da manhã, ligou para um amigo. Temendo represálias, pediu que ele o

---

54. Termos de Declaração dos Sobreviventes, p. 3895-3904.

levasse para um hospital distante da região. Foi levado ao Hospital do Subúrbio, onde não havia ninguém para lhe ameaçar, de modo que pôde contar a mesma versão desde o seu primeiro depoimento para a polícia.

O mesmo ocorreu com o sobrevivente Jorge, de 19 anos, que foi socorrido por amigos e levado ao Hospital São Rafael, localizado em uma região mais afastada do Cabula. Na tentativa de se desvincular da situação ocorrida, no momento da admissão para atendimento particular, falseou ter sido baleado em um assalto. Entretanto, o Hospital informou o fato à polícia, e Jorge foi descoberto como mais uma vítima da chacina[55].

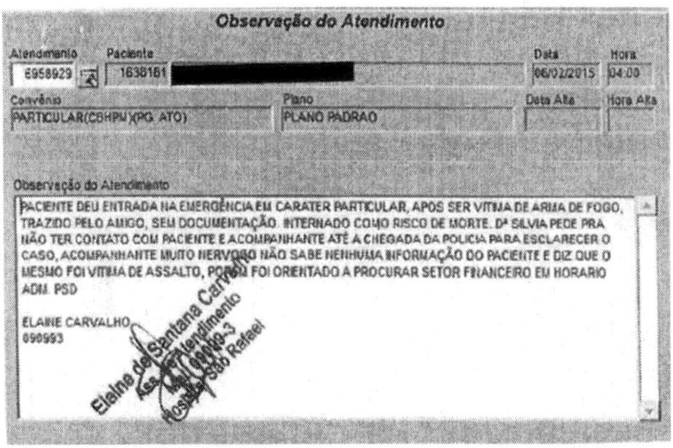

Observação do Atendimento

Atendimento: 6958929 | Paciente: 1638161 [tarjado] | Data: 06/02/2015 | Hora: 04:00

Convênio: PARTICULAR(CBHPM)(PG. ATO) | Plano: PLANO PADRAO | Data Alta: | Hora Alta:

Observação do Atendimento

PACIENTE DEU ENTRADA NA EMERGÊNCIA EM CARATER PARTICULAR, APOS SER VITIMA DE ARMA DE FOGO, TRAZIDO PELO AMIGO, SEM DOCUMENTAÇÃO. INTERNADO COMO RISCO DE MORTE. Dª SILVIA PEDE PRA NÃO TER CONTATO COM PACIENTE E ACOMPANHANTE ATÉ A CHEGADA DA POLICIA PARA ESCLARECER O CASO, ACOMPANHANTE MUITO NERVOSO NÃO SABE NENHUMA INFORMAÇÃO DO PACIENTE E DIZ QUE O MESMO FOI VITIMA DE ASSALTO, PORÉM FOI ORIENTADO A PROCURAR SETOR FINANCEIRO EM HORARIO ADM. PSD

ELAINE CARVALHO
090993

Elaine de Santana Carvalho
Ass. Atendimento
Hospital São Rafael

Trecho do prontuário médico do Sobrevivente Jorge (Prontuário médico do Sobrevivente Jorge, p. 3951-3967)

De todas as versões narradas daquela madrugada de pânico e muitos tiros, alguns relatos são totalmente incompatíveis entre si, e alguns podem coexistir. Entretanto, mesmo diante das muitas versões sobre

55. Prontuário médico do Sobrevivente Jorge, p. 3951-3967.

o acontecido, os primeiros peritos a examinar o local do crime, logo cedo, às 10h da manhã daquele mesmo dia 6 de fevereiro, tiveram acesso apenas à versão policial do que aconteceu:

> INFORMES: Segundo consta na Guia Pericial solicitando exame de Local de Crime Contra a Pessoa, o local supracitado teria sido "local de operação policial (RONDESP) em que houve resistência de meliantes com confronto armado em que há o corpo de um suposto criminoso ligado ao tráfico de drogas. Outros doze foram levados ao Hospital Roberto Santos e não resistiram. No local do fato havia um corpo de sexo masculino com um revólver Rossi, calibre .38".[56]

Apesar de o núcleo das narrativas contadas nos laudos periciais estar sempre voltado para a ocorrência de confronto entre "meliantes" que resistiam à operação policial, ao longo daquele dia, o relato foi ficando cada vez mais elaborado e detalhista, como veremos. O corpo do suposto "meliante" encontrado no terreno baldio, ao lado do lixo e em meio ao mato, foi identificado posteriormente como o cadáver de Tiago Gomes das Virgens. Na Guia Pericial 218/2015, emitida pela Polícia Civil, as palavras que davam contexto àquele corpo diziam que se tratava de um cadáver de identidade ignorada, descrito como "corpo masculino, vítima de PAF em confronto da PM; apresentando 30 anos de idade, cabelo RASTA!".

Não foram juntados ao processo dados que informassem o horário ou os responsáveis pela manipulação do cadáver de Tiago até chegar ao IML, porém, sabemos que o seu exame foi realizado às 14h30min, na sede do IMLNR, na avenida Centenário. O laudo necroscópico trouxe o sucinto relato do acontecido: "O periciando teria falecido às 5h no dia 6/2/2015, vítima de 'resistência', e a morte teria ocorrido na TV Florestal, Matagal, bairro do Cabula".

---

56. Laudo de Exame Pericial ICAP nº 2015.003348.01, p. 4101.

Ao longo do dia, a história foi repetida diversas vezes, e, com isso, ganhou adensamento narrativo e legitimidade pelo caráter oficialesco de constar em diversos documentos emitidos por instituições policiais, órgãos da segurança pública, hospitais e imprensa.

Nesse fluxo de burocracia, analisando o Inquérito Policial[57], é possível verificar que os primeiros relatos dos policiais militares afirmavam que a guarnição estava fazendo uma ronda de rotina próximo à Vila Moisés, até que avistaram um automóvel estacionado com as mesmas características de um veículo notificado como roubado e que poderia estar sendo utilizado para assaltos à bancos e caixas eletrônicos na região. Assim, se aproximaram do carro e, ao notarem que não havia passageiro a bordo, sem relatar qualquer outra diligência quanto ao veículo, se voltaram para a presença de um grupo de pessoas vestidas com roupas camufladas, ao estilo do exército, com "comportamento estranho em função da localidade e avançado horário da noite". Os policiais alegaram que, em seguida, decidiram chamar reforços para fazer a aproximação, mas, enquanto aguardavam, foram surpreendidos com a precipitação do grupo armado, que passou a disparar contra os policiais, obrigando-os a revidar para "repelir injusta agressão".

Dentro dessa lógica de elaboração, no último laudo necroscópico realizado naquele dia, às 17h55min, o histórico para a morte da vítima João Luís Pereira Rodrigues foi escrito de acordo com o relato de três guias periciais, duas das quais elaboradas com base unicamente no testemunho dos policiais militares. Uma, de nº 208/2015, foi emitida pelo Departamento de Homicídios e Proteção à Pessoa — divisão da Polícia Civil —, e outra, de nº 20/2015, lavrada pela Corregedoria Geral da Polícia Militar. A primeira trazia a versão de que "A morte teria ocorrido no Hospital Geral Roberto Santos, Cabula". Informa ainda a citada guia: "Corpo encontrado no corredor do necrotério em uma maca em

---

57. Inquérito Policial da Ocorrência 262/2015, p. 1332 a 1336.

decúbito dorsal aparentando entre 18 e 25 anos trajando bermuda de tactel preta e vermelha sem camisa apresentando várias perfurações produzidas por arma de fogo". Já a segunda trazia o seguinte relato:

> Duas guarnições pertencentes à CIPT — CENTRAL foram informadas que cerca de 50 (cinquenta) indivíduos se preparavam para realizar um arrombamento de caixa eletrônico, situado no bairro de Cabula. Quando as guarnições se depararam com os indivíduos armados, que ao avistarem as viaturas, passaram a efetuar disparos de arma de fogo, ficando a guarnição encurralada pela quadrilha. Neste instante foi solicitado apoio de outras guarnições, ao tempo que os policiais revidaram à injusta agressão. Solicito mapa de lesões.

Não é preciso mais do que uma primeira leitura para que reste evidente como o laudo pericial deposita excessiva credibilidade ao que é relatado pela autoridade requisitante, uma vez que as hipóteses levantadas pelos peritos a respeito do desenrolar do crime são profundamente influenciadas pelo histórico, e pensadas a partir dele. Ocorre que, na maioria das vezes, assim como aconteceu no caso do Cabula, os únicos a prestarem sua versão dos fatos, ou a terem suas vozes reconhecidas perante às autoridades policiais, são os agentes partícipes das diligências que flagraram ou acompanharam a cena do crime (Misse, 2011, p. 13). Dessa maneira, há uma sucessão de confirmações a histórias que não foram minimamente confrontadas por apuração investigativa.

O fato de a terceira guia que acompanhava os outros documentos oficiais ter sido secundarizada é um exemplo disso. Trata-se de um documento médico que, por ter sido escanteado no processo das construções de verdades, foi digitalizado e juntado ao processo judicial sem as devidas atenções: fora de foco, com folhas dobradas e amassadas, cortado nas margens...[58] Entretanto, foi possível notar sua existência

58. Guia Médica, p. 3239-3249.

pela sucinta menção no laudo pericial do corpo de João Luís, ainda que a maioria dos outros laudos sequer o citasse. Vejamos:

> Acompanha uma guia para necropsia assinada pelo médico Domingos Felipe L. da Nobrega CRMBA 7986: "Paciente aparentando 25 anos, veste calça e blusa rajada, vítima de FAF, com várias lesões perfurativas em coxa direita, abdômen, tórax anterior. Apresenta tatuagem em abdômen (cruz com o nome "Maria"). Chegou à unidade sem sinais vitais".

Causam estranheza as contradições presentes nas muitas versões do que aconteceu, que não são enfrentadas pelo perito na construção do laudo. De um lado, traça-se a narrativa de que a morte aconteceu dentro do Hospital Roberto Santos, e o corpo foi simplesmente encontrado no corredor do necrotério, de forma descompromissada com a cadeia de custódia e, pior, a vilipendiar a condição humana que então jazia cadáver. A burocracia se apresenta como um anúncio de achados e perdidos de um item que se imagina que ninguém voltará para buscar, como um guarda-chuva perdido no metrô. Paralelamente a esse relato, o médico que atendeu João Luís afirma que o jovem já chegou à unidade hospitalar sem vida, embora o laudo silencie quanto a isso.

De igual modo, não há relatos aprofundados sobre as vestimentas da vítima, que, em virtude das diferentes versões, seriam tão importantes para a compreensão do ocorrido naquela noite. Afinal, os policiais alegavam ter sido atacados por cinquenta homens vestidos com roupas semelhantes à do exército, conforme guia da Corregedoria Militar. No entanto, Jonathan disse que só havia uma pessoa com casaco camuflado naquela noite. Já a guia emitida pela Polícia Civil afirma que o corpo de João Luís chegou sem camisa e trajando uma bermuda de tactel preta e vermelha. Por sua vez, o médico atestou que o cadáver vestia calça e blusa rajada. São muitas discrepâncias a serem analisadas, contudo, mais uma vez silenciadas pelo perito.

O silenciamento cometido pelo perito não está em se abster de comentar a respeito das vestimentas do cadáver de João Luís, visto que o profissional até chegou a listar características de tecido e cores das roupas da vítima: "cueca de algodão vermelha e preta, short de tactel preto com listras brancas e azuis, camisa de malha vermelha e gandola de brim com estampa camuflagem nas cores verde e marrom". Todavia, tais informações não dão conta de responder às perguntas que interessam à comunidade, tais como: as vítimas tiveram suas roupas trocadas? As roupas que as vítimas vestiam no momento da perícia continham perfurações no tecido, compatíveis com os tiros recebidos pelas vítimas? Havia sangue impregnado no tecido? Se sim, o sangue era da vítima? Havia pólvora incrustada no tecido? As roupas eram idênticas para todas as vítimas?

Esses são breves questionamentos elaborados por mim após alguns minutos de reflexão sobre a situação. No entanto, a mãe de uma das vítimas, que por muito tempo deve dedicar grande parte do seu dia a questionar cada detalhe da madrugada que lhe tirou o filho, foi mais a fundo na questão das vestimentas. Tendo certeza de que o filho não possuía nenhuma roupa camuflada em casa, e, por ser chefe do lar, dando conta de tudo que acontece na sua residência, em investigação própria, descobriu que "os policiais colocaram todas as vítimas na frente das viaturas, de costas, após obrigar alguns a vestir roupas, passando a executá-los"[59]. De todo modo, embora esse relato tenha sido colhido pela Delegacia de Homicídios e Proteção à Pessoa (DHPP), passou despercebido no histórico narrado e confrontado nos laudos periciais.

As roupas de vítimas de execuções sumárias podem esclarecer fatores fundamentais. Segundo Taiguara Soares e Souza, é frequente que policiais se desfaçam das roupas de vítimas de execução ou alterem as roupas utilizadas, uma vez que essas peças podem conter provas materiais importantes para determinar as circunstâncias da morte: resíduos

---

59. Termo de Declaração da Genitora Selma dos Santos Martins, p. 3516-3517.

de tiros, marcas de "tatuagem de pólvora" que apontam tiro à queima-roupa, entre outros. Tais marcas de tatuagem ficam nas vestimentas, mas passam despercebidas nos cadáveres (Soares; Souza, 2010). Eis o motivo de tantos corpos chegarem despidos aos IMLs, como os corpos de Caíque Bastos dos Santos[60], Vitor Amorim de Araújo[61] e Evson Pereira dos Santos[62], cujas roupas se perderam no trajeto da Vila Moisés até o IML. Ou mesmo do corpo de João Luís Pereira Rodrigues[63], que teve sua roupa alterada após fazer o mesmo trajeto.

Até mesmo a cobertura da chacina pelos meios de comunicação, que atendem a uma lógica da criminologia midiática[64], deu vazão aos diferentes possíveis enredos, sem privilegiar a narrativa de um dos lados da tragédia. Na edição do jornal A Tarde do dia 7 de fevereiro de 2015, o dia seguinte às mortes acontecidas na comunidade, a matéria de capa deu voz à Vila Moisés. Os moradores relataram que a chacina foi uma situação premeditada pelos policiais militares, que, dias antes, prometeram matar os moradores até que conseguissem dar fim ao tráfico de drogas e, no dia 6 de fevereiro, foram cumprir a promessa (A tarde, 2015 *apud* Santos, 2018). Transcrevo:

---

60. Laudo Cadavérico de Caíque Bastos dos Santos, p. 3854-3866.

61. Laudo Cadavérico de Vitor Amorim de Araújo, p. 3794-3809.

62. Laudo Cadavérico de Evson Pereira dos Santos, p. 3777-3793.

63. Guia Pericial para Exame Necroscópico de João Luis Pereira Rodrigues, p. 3256.

64. A criminologia midiática é a relação de simbiose entre a mídia e os estudos da delinquência que conforma a persecução penal a partir do senso comum de quem são os criminosos e os grupos a serem criminalizados. É um processo que polariza o mundo entre pessoas de bens e decentes, de um lado, e o resto da sociedade, que seriam os maus e perversos, de outro. Ver mais em: Zaffaroni (2013).

CONFRONTO

Policiais da Rondesp matam 12 no Cabula

Há duas versões para o tiroteio que causou a morte de 12 homens e deixou quatro feridos – um deles em estado grave – na Vila Moisés, na Estrada das Barreiras, no Cabula. A dos policiais envolvidos no tiroteio dá conta de que três viaturas da Rondesp, com nove PMs, foram recebidas a tiros por 30 bandidos que explodiriam caixas eletrônicos. No confronto, um sargento foi ferido de raspão na cabeça e os bandidos levaram a pior. Já os moradores da região disseram que os policiais estiveram no local há oito dias e ameaçaram matar todo mundo para acabar com o tráfico. Ontem, voltaram para cumprir a promessa. Eles também admitiram que entre os mortos havia traficantes. O governador Rui Costa comparou a ação policial com a de um artilheiro frente ao gol, que tem que decidir o que fará em alguns segundos. Segundo ele, é preciso frieza para definir o que será feito.

Chamada de capa do Jornal A Tarde em 07/02/2015[65]

> Há duas versões para o tiroteio que causou a morte de 12 homens e deixou quatro feridos — um deles em estado grave — na Vila Moisés, na Estrada das Barreiras, no Cabula. A dos policiais envolvidos no tiroteio dá conta de que três viaturas da Rondesp, com nove PMs, foram recebidas a tiros por 30 bandidos que explodiriam caixas eletrônicos. No confronto, um sargento foi ferido de raspão na cabeça e os bandidos levaram a pior. Já os moradores da região disseram que os policiais estiveram no local há oito dias e ameaçaram matar todo mundo para acabar com o tráfico. Ontem, voltaram para cumprir a promessa. Eles também admitiram que entre os mortos havia traficantes. [...]

Nesse caso da Chacina do Cabula, situação de múltiplos homicídios decorrentes de oposição à intervenção policial, comumente

65. Capa Jornal A Tarde, dia 07/02/2015 *apud* SANTOS, Taiane Almeida. Mídia, Segurança Pública e a Chacina do Cabula, 98, 2018. Dissertação (Mestrado em Ciências Sociais) — Programa de Pós-Graduação em C.iências Sociais, UFRB, Cachoeira.

chamado de "auto de resistência"[66], é cristalino o desleixo na investigação e construção da verdade. Michel Misse, Carolina Grillo, César Teixeira e Natasha Neri afirmam que os Termos de Declaração dos policiais envolvidos nesses casos são reproduzidos quase que na íntegra no Registro de Ocorrência e, consequentemente, nos laudos periciais. Desse modo, o relato que antes poderia ser integralmente imputado a um policial militar ganha o *status* de fato avalizado pela Polícia Civil (Misse, Grillo, Teixeira, Neri, 2011, p. 34). Segundo Flávia Medeiros, no IML é registrada apenas uma versão entre outras possíveis. Não há atenção às versões das testemunhas, vítimas e afins. Por conseguinte, apenas os relatos dos policiais são registrados e legitimados como a verdade do Estado (Medeiros, 2016, p. 116).

Para tais autores, a declaração dos policiais impõe-se como verdade oficial em função da fé pública, que recai sobre eles enquanto servidores do Estado, valendo a máxima de presumir-se verdadeira a manifestação até que se prove o contrário (Misse; Grillo; Texeira; Neri, 2011, p. 34). Contudo, a falta de esforço policial e pericial na procura de contradições nas narrativas policiais faz com que o relato tome o caráter de verdade irrefutável não pela fé pública, mas, sobretudo, pela inércia investigativa. Nesse sentido, Poliana Ferreira nos lembra de que:

> A presença ou manifestação de fé pública não explicaria a preeminência dessas versões, tendo em vista que a presunção de veracidade dada a atos realizados por servidores públicos

66. Os homicídios praticados por policiais em serviço supostamente em legítima defesa ou buscando vencer o estado de resistência das vítimas são registrados em ocorrências em autos de resistência, conforme previsto no art. 292 do Código de Processo Penal. No entanto, o instituto converteu-se em uma prática para assegurar a impunidade de mortes intencionais praticadas por agentes da lei. Ler mais em: MISSE, Michel; GRILLO, Carolina Christoph; TEIXEIRA, César Pinheiro; NERI, Natasha Elbas. Quando a polícia mata: homicídios por "autos de resistência" no Rio de Janeiro (2001-2011). Rio de Janeiro: NECVU, BOOKLINK, 2013.

> em virtude de função ou ofício exercido é relativa, sobretudo no que concerne ao momento de apuração daquele ato pelo próprio Estado. Assim, o fato de serem reproduzidas umas pelas outras não explica a adesão de quem apura ou investiga essas versões (Ferreira, 2019).

Essa questão torna-se especialmente problemática quando o alvo da investigação são crimes perpetrados pelos próprios agentes da lei. Como veremos, nesses casos, são justamente os laudos de exames periciais que detêm as informações capazes de se contrapor às versões apresentadas pelos policiais (Misse; Grillo; Teixeira; Neri, 2011, p. 65).

O que não está nos autos não está no mundo: falhas ou autoproteção?

As provas materiais encontradas e analisadas pelos órgãos periciais na Chacina do Cabula são, literalmente, pedaços da história que foi escrita por aqueles que viveram (e morreram) na aterrorizante madrugada do dia 6 de fevereiro de 2015. Apesar de toda a relevância dessa materialidade para a reconstrução de uma narrativa policial por meio dos laudos que ajudam a recontar o acontecido, são as ausências — ou seja, tudo aquilo que os laudos periciais não trouxeram à tona a respeito da verdade dos fatos, e que não está escrito no processo — que ditam as verdades construídas judicialmente.

Neste tópico, vamos a fundo naquilo que falta. Afinal, o processo judicial segue o brocardo latino "o que não está nos autos não está no mundo" (*Non quod est in actis non est in mundo*), e nos interessa descobrir o que ficou de fora e por qual motivo. O que as perícias do caso da Chacina do Cabula extirparam do mundo jurídico?

"Tem, mas acabou"

Alguns costumes observados no cotidiano dos brasileiros muito podem dizer sobre as condutas culturais do nosso povo. Expressões ou hábitos que, embora difíceis de serem explicados a um estrangeiro, para um brasileiro soam familiares e totalmente compreensíveis. Por exemplo, não é incomum escutar, em algum estabelecimento comercial, a expressão "tem, mas acabou", quando determinado produto ou serviço não está à disposição no momento. Assim como seria difícil explicar o que aconteceu para uma pessoa externa a essa vivência brasileira de ausências, não é aceitável naturalizar isso como uma resposta dada por órgãos públicos, embora seja o que vem acontecendo, sem levantar maiores indignações.

Nos autos do processo sob análise, não faltam demonstrações do fenômeno "tem, mas acabou". Ao contrário, porém, da falta de um ingrediente para o almoço — que pode levar alguém a procurá-lo em outro estabelecimento ou até alterar o cardápio previsto —, a escassez daquilo que se procura em uma investigação de crime e um processo judicial pode acarretar injustiças e impunidades irreparáveis.

Ao longo deste item, serão trabalhados os vazios deixados nos autos da chacina do Cabula. Afinal, fazer uma pesquisa crítica e racialmente posicionada, tendo como objeto as violências institucionais, significa se deparar com a escassez mesmo diante do excesso de papéis, documentos e informações burocraticamente preenchidas, que não respondem às perguntas cruciais de um processo de homicídio decorrente de oposição à intervenção policial.

De acordo com Flávia Medeiros, o IML tem a função burocrática de "matar o morto", visto que somente após o órgão emitir laudos, certidões e papéis se produz, no mundo dos vivos, um morto a ser velado (Medeiros, 2016, p. 116). É a assinatura de um perito médico legal, em um documento médico, o ato estatal que dá legitimidade a essa morte (Medeiros, 2016, p. 131).

Assim, para que se tenha uma visão panorâmica da cultura institucional da atividade pericial desenvolvida na Bahia, é necessário mergulhar na papelada ao redor do corpo morto e nas entrelinhas dos mais diversos laudos periciais do processo — tais como laudos de local de crime, balística, necroscópicos e outros —, seguindo a *via crucis* burocrática. Isso posto, neste tópico pretendo expor as dinâmicas punitivistas do Estado que operaram a Chacina do Cabula, a partir de diversas pegadas iniciais que me saltaram aos olhos durante a análise dos laudos. Vencida essa etapa, enfocarei especificamente cada tipo de perícia realizada.

Importante esclarecer que o termo "papelada" é uma expressão literal, pois grande parte dos processos do Departamento de Polícia Técnica da Bahia é feita de forma artesanal e física: envio de ofício com recebido manual datado em duas vias, impressão de documentos, furador de dois furos, assinaturas à caneta e papéis carimbados à tinta. Dessa maneira, enquanto a atividade repressiva, privilegiada na distribuição dos investimentos públicos na área de segurança pública, utiliza a seu favor a tecnologia, como as câmeras de reconhecimento facial em locais públicos (Gois, 2021), a atividade pericial e investigativa ainda não teve seus processamentos totalmente informatizados.

Inicio minha análise a partir do exame de um documento que consta no inquérito policial. Trata-se de um ofício enviado à autoridade requisitante da perícia, o delegado de polícia civil Bel. José Alves Bezerra Júnior, pelo perito criminal Marcelo Antônio Sampaio Lemos Costa, com o objetivo de notificar a impossibilidade de realização da perícia nas imagens apreendidas no local do crime. O ofício 602/2015, de 18/06/2015, casualmente enviado pelo perito criminal ao delegado de polícia civil para informar que "tem, mas acabou", deixou de ter a casualidade da frase quando registrou em "papel impresso, assinado, datado, carimbado e convertido em documento oficial" (Nadai; Veiga, 2020, p. 180), de maneira solene, que o órgão pericial não podia analisar as imagens registradas por câmeras de segurança do dia da chacina, por não possuir equipamento ou *software* adequado para tanto.

GOVERNO DO ESTADO DA BAHIA
Secretaria da Segurança Pública / Departamento de Polícia Técnica / Instituto de Criminalística Afrânio Peixoto
Av. Centenário s/n, Barris, CEP 40100-180 – Fone 3116.8600

Marcelo A. Sampaio Lemos Costa
Coord. de Computação Forense
25/06/2015

4.715

COORDENAÇÃO DE COMPUTAÇÃO FORENSE

INFORMAÇÃO / ICAP Nº 2015 016528 01

ÓRGÃO REQUISITANTE: Departamento de Homicídio e Proteção à Pessoa

AUTORIDADE REQUISITANTE: Bel. José Alves Bezerra Júnior.

EXPEDIENTE: Ofício 602/2015 de 18/06/2015.

Informamos que o DVR Intelbrás VD16E480, número de série OD10113001692, encaminhado para exame, possuía imagens a partir de 25 de maio de 2015 e estava programado para sobrescrever as gravações ao limite de 31 dias, dessa forma o disco rígido do equipamento não mais tinha imagens da data pretendida, situada entre 05 e 06 de fevereiro do corrente ano. Aliado a esta condição, o DPT não possui equipamento ou software adequado para recuperar imagens apagadas de mídias de DVR, cujo formato proprietário impede a utilização dos sistemas de perícia do nosso laboratório.

Salvador, 25 de junho de 2015

Marcelo Antônio Sampaio Lemos Costa
Perito Criminal Oficial
Mat. SSP/Ba 20.279.331-8

ICAP / DIRETORIA
Encaminhe-se a Autoridade Requisitante para os devidos fins.
Salvador, 25 de junho de 20 15
Diretor

Página - 1 de 1

Ofício ICAP 602/2015, p. 7838, de 18/06/2015

O documento tinha a mera função de comunicar à autoridade requisitante da perícia a impossibilidade de acessar as imagens que poderiam revelar detalhes preciosos do acontecido naquela madrugada. No entanto, para além disso, o ofício trouxe à tona um legado de ausências e negligências com o caso investigado, com as vidas perdidas, com os órgãos periciais e com a garantia de direitos.

As imagens que interessavam ao delegado requisitante foram registradas entre os dias 5 e 6 de fevereiro de 2015. Era de suma importância a realização de diligência para apreendê-las como provas, juntamente com as primeiras diligências de isolamento e realização da perícia de local do crime, conforme instrui o Código de Processo Penal. Afinal, as imagens são vestígios a serem analisados, tal qual as cápsulas deflagradas encontradas na cena do crime. Caso essas imagens tivessem sido colhidas dentro da expectativa legal de cuidado com a prova, teríamos acesso à mais fiel cobertura dos eventos: desde à entrada em cena das vítimas e dos policiais até o exato momento do suposto conflito entre os envolvidos, ou da suposta execução das vítimas. As imagens também possibilitariam acompanhar como se deram o isolamento da área e a realização das perícias no local do crime. Porém, como a redação do perito criminal deixa evidente, as imagens das câmeras de segurança da região só foram colhidas para perícia quase quatro meses após os fatos, no dia 25 de maio de 2015, de maneira que as imagens da data do crime haviam sido sobrepostas por outras filmagens.

A situação relatada já demonstra a negligência com a investigação criminal em questão. No entanto, mesmo diante do esclarecimento, pelo perito, de que existe a tecnologia necessária para analisar as imagens sobrepostas ou apagadas de um disco rígido, o órgão pericial do Instituto Criminalístico Afrânio Peixoto não investiu na aquisição desse meio tecnológico para fazê-lo. Isso deixa evidentes o desmonte da estrutura pericial e a falta de interesse na busca da verdade real pelo Estado. Afinal, a quem importa a colheita de provas e verificação dos fatos, quando o Estado se utiliza do testemunho de seus policiais como prova, de forma ampla e exclusiva, e tem suas demandas acolhidas pelo Judiciário?

Vejamos, por exemplo, os dados sobre o crime que mais encarcera pessoas no estado da Bahia: o tráfico de drogas. De acordo com estudos de Alessandra Prado e Fernanda Caldas, em 66% das decisões julgadas pelo Tribunal de Justiça da Bahia, no período de 1 de agosto de 2016 a 31 de julho de 2017, as únicas provas da autoria produzidas sob o crivo do contraditório e da ampla defesa foram os testemunhos dos policiais que efetuaram os flagrantes. Ademais, quando a sentença era recorrida, em 92% das vezes o Tribunal condenou ou manteve a condenação dos apelantes tendo como base tão somente os depoimentos de policiais (Prado; Caldas, 2020, p. 85-127).

Na mesma linha, Juliana Ferreira Ribeiro de Souza aponta que, dos processos a que teve acesso no período de 1 de agosto a 31 de outubro de 2018, no Tribunal de Justiça do Estado da Bahia, todos os 45 processos ligados a tráfico de drogas tiveram agentes policiais como testemunhas de acusação, mas em apenas dois deles havia outras pessoas nessa função que não os próprios agentes (Souza, 2021).

Em suma, a verdade policial acaba se transformando em verdade processual, e os outros meios de prova, como a prova pericial, acabam por ter um papel secundário na construção da verdade e da justiça, sendo afastados dos autos e da formação da convicção dos juízes no momento de sentenciar um acusado. Nos tribunais baianos, imagens não só não valem mais do que palavras como não valem mais do que uma única palavra, caso essa palavra for proferida por um policial.

No que concerne ao processo de homicídio da Chacina do Cabula, diversas são as situações em que as justificativas dadas pelos órgãos periciais poderiam ser substituídas pelo "tem, mas acabou", aumentando o abismo entre a verdade do acontecido e a realidade recortada que é apresentada nos autos judiciais. É possível, com facilidade, trazer à tona as várias vezes em que os laudos registram a infraestrutura precária dos órgãos periciais, tais como o apontamento informando que não é possível pesar os cadáveres "devido a balança do Instituto encontrar-se com defeito"[67].

---

67. Laudo Cadavérico de Adriano de Souza Guimarães, p. 3810-3824.

De tempos em tempos, as más condições de funcionamento dos institutos de perícia também chegam à tona para a sociedade via meios de comunicação, como momentos em que familiares precisaram carregar os caixões dos seus entes falecidos para conseguir a liberação dos corpos (Parentes, 2013); ou através das denúncias de situações em que trabalhadores terceirizados do setor de limpeza e faxina foram obrigados a remover e abrir cadáveres por falta de profissionais capacitados (Agentes, 2013); ou nas reincidentes quebras de elevadores no IML por falta de manutenção (Varela, 2016), que obrigaram ao transporte dos corpos em macas, tornando-os mais suscetíveis a acidentes de queda (Wendel, 2022).

As precárias condições do instituto também são enunciadas por seus funcionários e servidores. Vide a declaração de Mário Cesar Lopes Pontes, diretor do IML em 2020, que afirmou que o número de peritos à época era o mesmo que do ano de 1999 (Câmara, 2020), ainda que a demanda de trabalho do órgão houvesse aumentado muito, acompanhando o aumento da violência na Bahia. O novo ritmo de trabalho significou a piora do serviço prestado à população.

Um exemplo citado pelo diretor são os exames toxicológicos: antigamente, a dedicação de tempo possibilitava um trabalho pericial primoroso, com laudos descritivos de forma quantitativa e qualitativa (que o periciando tinha utilizado a quantidade x de tal substância). No entanto, com a nova rotina de trabalho, agora tão somente é possível elaborar a descrição qualitativa (o periciando utilizou/não utilizou tal substância) (Câmara, 2020), o que prejudica a excelência probatória e o devido processo legal.

A partir dessas situações, abrem-se caminhos para concluir que a precarização dos órgãos periciais e das polícias investigativas é um desmonte eficazmente pensado para o encarceramento de grupos indesejados, que não possuem meios para se defender das palavras policiais e ficam reféns das parcas possibilidades dos órgãos periciais disponíveis à investigação estatal. Não se pode esquecer, também, das já discutidas dificuldades postas a uma contribuição oficial da defesa das vítimas nas perícias, como mais uma barreira no acesso à justiça. Afinal, o assistente técnico só tem sua atuação liberada após o fim do inquérito policial. No caso da Chacina do Cabula, por exemplo, a habilitação dos assistentes técnicos aconteceu somente no dia 27 de maio de 2015[68], um dia após o recebimento da denúncia do Ministério Público[69], tarde demais para salvar as imagens das câmeras, perdidas por negligência.

A habilitação tardia ao processo também impossibilitou à defesa a produção de provas que dessem conta da versão das vítimas sobreviventes e da comunidade. A título de exemplo, registrou-se no Laudo de Local de Crime, realizado no mesmo dia da ocorrência das mortes, que imóveis em frente ao campinho haviam sido atingidos por tiros que, na versão dos sobreviventes, teriam sido disparados pelos policiais escondidos no matagal. No entanto, esse mesmo laudo de local admite que a área de perícia não foi preservada, não tendo sido encontrado nenhum estojo de munição na cena do crime para fazer a microcomparação balística com as armas utilizadas pelos policiais. A esse respeito, uma moradora de um dos imóveis próximos ao local da chacina afirmou que tais provas foram ilicitamente recolhidas por "uma equipe de reportagem que esteve no local, sendo o fato comunicado ao delegado Sérgio Schlang, presente no local"[70].

---

68. Habilitação de Assistente Técnico, p. 7259.

69. Recebimento de Denúncia, p. 7258.

70. Laudo de Exame Pericial de Local de Crime, p. 4101-4106.

- Não foram encontrados estojos de munição de arma de fogo no terreno baldio ou no seu entorno;
- A usência de estojos de munição de arma de fogo no terreno baldio indicam que a área objeto de perícia não foi preservada;
- Em uma residência sem número, com fachada de azulejo de cor branca, situada em frente ao terreno, foram visualizados danos compatíveis com impacto de projétil de arma de fogo: um na parede frontal, próximo ao medidor de água (fotografia 34), dois na parede interna da varanda (fotografia 33), dois transfixando a porta de acesso ao interior do imóvel no perfil de alumínio e outro no vidro (fotografias 31 e 32), e dois no interior da residência, na parede lateral, correspondente ao cômodo da sala (35 a 37);
- Não foram encontrados fragmentos de projétil de arma de fogo no interior do imóvel atingido por projéteis de arma de fogo, os quais transfixaram a porta. Segundo a proprietária do imóvel, situado na Travessa Florestal, lado oposto ao terreno baldio, os fragmentos de projéteis de arma de fogo que transfixaram a porta e estavam no interior de um imóvel foram subtraídos por uma equipe de reportagem que esteve no local, sendo o fato comunicado ao delegado Sérgio Schlang, presente no local.
- Em uma residência sem número, com fachada em reboco pintado na cor azul, situada em frente ao terreno, foi visualizado dano compatível com impacto de projétil de arma de fogo (fotografias 38 e 39);
- Ambas as residências atingidas por impacto de projétil de arma de fogo estão situadas na Travessa Florestal, à frente e no lado oposto ao do terreno baldio, indicando a ocorrência de disparos de arma de fogo e que os mesmos foram efetuados no sentido do terreno baldio para as residências.

Trecho do laudo de exame pericial de local de crime ICAP nº 2015 003348 01, p. 4101-4106

Diante do exposto, é possível pressupor que, caso um assistente técnico acompanhasse a diligência com o intuito de garantir que tal versão fosse contada, os representantes da imprensa que cobriram o caso *in loco* seriam intimados no inquérito, para responder pela adulteração na cena do crime, e, possivelmente, as peças seriam restituídas durante a investigação. No entanto, a habilitação tardia possibilitou aos profissionais a participação somente na única atividade pericial restante: a elaboração do Laudo da Reprodução Simulada.

Um estudo realizado por Misse, Grillo, Teixeira e Neri aponta para a raridade da realização de perícia de locais de crimes em casos de morte decorrente de oposição à intervenção policial, ainda que haja uma exigência legal para isso. Isso faz subsistir, portanto, a prática proposital de desfazimento da cena do crime por parte dos policiais praticantes do ato criminoso, através de uma simulação de prestação de socorro.

> Em diversos inquéritos, há indícios de que os policiais desfizeram a cena do crime propositadamente, levando os corpos para hospitais, sob a alegação de estarem prestando socorro, tal como ressaltado em várias denúncias feitas por um promotor. Em quase todos os casos consta no Boletim de Atendimento Médico (BAM) dos hospitais que a vítima "chegou já cadáver", indicando que há a probabilidade de ela ter morrido ainda no local, ou a caminho do hospital. Em parte dos casos, os Autos de Exame Cadavérico demonstram ser muito improvável que a vítima pudesse apresentar sinais de vida que justificassem a sua remoção para um hospital, ao indicar que ela havia sido alvejada por tiros transfixiantes de fuzil (algumas vezes, vários) em partes do corpo como a cabeça, a nuca ou o peito. Alguns AECs ainda revelam escoriações típicas de arrasto dos corpos (Misse; Grillo; Teixeira; Neri, 2011, p. 55).

Os autores esclarecem que, em casos de homicídios decorrentes de oposição à intervenção policial, diligências periciais ao local do crime tendem a ser feitas somente em situações que geram comoção popular de testemunhas, familiares, ativistas de direitos humanos, da mídia ou até do próprio Ministério Público, frente aos claros indícios de execução sumária (Misse; Grillo; Teixeira; Neri, 2011, p. 55). Além disso, muitas vezes os exames são realizados tardiamente, quando a cena já foi contaminada ou adulterada, como foi o caso da Chacina do Cabula.

Outro exemplo da falta de equiparação de armas processuais da acusação e da defesa no que diz respeito à produção de prova pericial são os laudos de balística. Assim, no laudo pericial ICAP nº 2015 003360 01, produzido após análise das quatro armas tipo revólver supostamente encontradas em posse das vítimas sobreviventes, há a citação da portaria de nº 161/2009/DPT, de 27 de maio de 2009, que suspende a realização dos exames de "recentidade de disparo". Vejamos:

> OBSERVAÇÃO
>
> — Conforme solicitação, foram coletados padrão das armas em causa para cadastro e posterior pesquisa no Sistema Integrado de Identificação Balística (IBIS).
>
> — De acordo com a Portaria nº 161/2009/DPT, publicada no Diário Oficial em 27 de maio de 2009, o Diretor do Departamento de Polícia Técnica resolve suspender a realização dos exames de "Recentidade de Disparo" em arma de fogo, anteriormente executados pela Coordenação de Química Forense do Laboratório Central de Polícia Técnica.

Trecho do laudo pericial de balística ICAP nº 2015 003360 01, p. 4600-4604

Apesar de não especificado no laudo, a referida portaria traz a motivação para o abandono da técnica pericial pelo DPT da Bahia. Primordialmente, a decisão adveio de um parecer técnico produzido e publicado no I Seminário Nacional de Balística Forense, realizado em Porto Alegre/RS, em outubro de 1996. Esse parecer considera o Exame de Recenticidade de Disparo "obsoleto", por ser um exame qualitativo que não se propõe a determinar com exatidão o período decorrido entre o tiro e o exame, mas apenas evidencia, genericamente, se a arma foi usada há pouco tempo ou não. A portaria foi lavrada em 2009, na Bahia, com a intenção de se alinhar ao padrão estabelecido em todo o território nacional.

Dessa maneira, mais uma vez, as provas que poderiam ter sido apresentadas para corroborar ou contradizer os depoimentos dos policiais não puderam ser produzidas. É o popular "tem, mas acabou", se repetindo infinitamente. Afinal, como atestar a verossimilhança das alegações policiais, quando as armas supostamente apreendidas em posse das vítimas sobreviventes não puderam sequer passar pelo crivo pericial, para que se pudesse apontar se foram recentemente disparadas ou não? Deficiente, o laudo pericial aponta apenas que tais armas estavam aptas a disparar um projétil no momento da perícia (Laudo pericial de balística ICAP nº 2015 003360 01, p. 4600-4604), o que é pouco relevante para saber se houve ou não troca de tiros.

Do mesmo modo, a cadeia de custódia das provas foi prejudicada, visto que as armas foram entregues na delegacia pelos próprios policiais, depois que eles supostamente as apreenderam, sem que a perícia do local do crime confirmasse onde foram achadas, quem as portava, quem as apreendeu e em que situação. Outra problemática advém da não realização do exame de corpo de delito nas vítimas sobreviventes, pois precisaram ser encaminhadas ao hospital para passar por cirurgias e/ou outros procedimentos médicos, de modo que não realizaram o exame de vestígio de pólvora nas mãos, feito nas vítimas mortas.

Importante acrescentar que outro exame a ser questionado nesse mesmo parecer do Seminário Nacional de Balística Forense foi justamente o que identifica a presença de resíduos de disparos de arma de fogo nas mãos e roupas de suspeitos. No entanto, para esse segundo exame, apenas foi sugerida a mudança de metodologia (França, 2017, p. 130). Sobre tal exame, Genival França critica a continuidade da sua utilização como forma de atestar que um tiro de arma de fogo foi disparado, por ter um baixo valor probante, mesmo com as adaptações metodológicas sugeridas:

A utilização do rodizonato de sódio como reativo do cátion chumbo, como espécie sinalizadora na identificação desse metal na mão da vítima ou do autor que recentemente tenha disparado um revólver, vem sendo frequente como forma de substituir a velha prova da parafina. Ou seja, em vez de se pesquisarem nitritos e nitratos, procura-se o chumbo nos resíduos do disparo que tenham impactado as regiões da mão do atirador mais próximas das partes de expulsão dos gases e resíduos — entre a boca da câmara e a antecâmara do cano, e entre a base do tambor e a chapa de obturação. Entretanto, deve ficar bem claro que mesmo um resultado positivo dessa pesquisa não oferece a certeza de que o examinado foi o autor do tiro questionado, como afirma Eraldo Rabello (in Balística Forense. 3ª edição, Porto Alegre: Sagra-DC Luzzatto Editores, 1995). Isso significa que a reação química, isoladamente, mesmo executada com o rigor da melhor técnica, é de reduzido ou nenhum valor probante, pois a presença de microvestígios, positivados pela reação, mesmo em regiões especiais (bordas dos dedos indicador e polegar, e respectiva prega interdigital), como também a ausência desses microvestígios nestas e noutras regiões, não conferem o valor probante que se quer dar, pois é impossível distinguir quimicamente o resultante de um disparo de arma de fogo dos resultados de outros vestígios que possam estar presentes nas mãos suspeitas, pois indícios de chumbo podem ser encontrados em muitas outras situações. Por exemplo: se a vítima tivesse tentado segurar a arma no momento do disparo, ou trabalhasse como tipógrafo, eletricista, fabricante de vitrais, bombeiro ou encanador, ou simplesmente tivesse aberto uma garrafa de vinho cujo bocal fosse protegido por invólucro contendo material de chumbo. Mesmo assim, se alguém insiste em tal pesquisa, não pode omitir a investigação do bário e do antimônio, que são elementos constitutivos da mistura iniciadora da espoleta (França, 2017, p. 457).

Apesar das críticas à metodologia desse exame de resíduos de disparos de arma de fogo, ele é amplamente utilizado no Departamento de Polícia Técnica da Bahia — com a exigência, indicada por Genival França, para aqueles "que insistem em tal pesquisa", no sentido de que se busque a presença simultânea de bário e antimônio. Dessa maneira, o exame foi realizado nas vítimas que vieram a óbito e foram retiradas da cena do crime, originando os seguintes resultados:

TABELA 1 — **Resíduos de disparo de arma de fogo por vítima**

NOME DA VÍTIMA	RESÍDUO DE DISPARO DE ARMA DE FOGO
Adriano de Souza Guimarães	Não teve vestígios
Agenor Vitalino dos Santos Neto	Não teve vestígios
Bruno Pires do Nascimento	Não teve vestígios
Caíque Bastos dos Santos	Vestígios encontrados na mão direita
Evson Pereira dos Santos	Não teve vestígios
João Luis Pereira Rodrigues	Vestígios encontrados na mão direita
Jefferson Pereira dos Santos	Vestígios encontrados na mão direita
Natanael de Jesus Costa	Não teve vestígios
Ricardo Vilas Boas Silva	Não teve vestígios
Rodrigo Martins de Oliveira	Não teve vestígios
Sobrevivente Caio	Não realizado exame
Sobrevivente Ícaro	Não realizado exame
Sobrevivente Jonathan	Não realizado exame
Sobrevivente Mateus	Não realizado exame
Sobrevivente Rafael	Não realizado exame
Tiago Gomes das Virgens	Vestígios encontrados na mão direita
Victor Amorim de Araújo	Não teve vestígios

Como se pode observar, das 17 vítimas diretas da Chacina do Cabula, apenas 4 foram flagradas com vestígios de pólvora nas mãos — todas mortas e, portanto, sem possibilidade de contraditar os policiais. Ainda que tal resultado seja questionável em razão da obsolescência da técnica, que não é suficientemente confiável para assegurar que houve um disparo de arma de fogo, ele continua sendo levado em consideração. Ademais, a totalidade desses exames de resíduos de disparos positivados foi realizada em cadáveres que não seguiram uma cadeia de custódia adequada, pois foram movidos do local do crime por seus agressores. As armas que supostamente estavam em posse deles não foram encontradas na cena do crime, quanto mais analisadas para recenticidade de disparo.

E quanto às vítimas cujo resultado dos vestígios de disparo de arma de fogo foi negativo? Vejamos a transcrição de um dos laudos, da vítima Evson Pereira dos Santos, no que toca a esse exame em particular:

> Resultado de Exame de Identificação de Resíduos em mãos segundo laudo pericial nº 2015 003448 03 do LCPT — EXAMES — Recebi, na Coordenação de Química Forense deste Laboratório, dois (2) coletores ("stubs") com fita adesiva dupla face, de carbono, eletro condutora, correspondendo às amostras coletadas. Analisei as amostras para determinação da micromorfologia e composição química dos resíduos, através da técnica de microscopia eletrônica de varredura acoplada com sistema de análise de raios -X por espectrometria de energia dispersiva (MEV/EDS) utilizando o "software" GSR-XT para análise e busca automatizada de partículas. O equipamento utilizado foi o microscópio eletrônico de varredura (MEV) marca FEI Company, modelo QUANTA 400, deste laboratório. Após as análises não encontrei, partículas determinantes de disparo de arma de fogo, caracterizadas pela morfologia esferóide e presença simultânea de Chumbo (Pb), Bário (Ba) e Antimônio (Sb), conforme a Norma E 1588 — 08 da American Society for Testing and Materiais -ASTM. **Este resultado, por si só, não é suficiente para os Peritos**

> **negarem disparo com arma de fogo por parte do periciando, pois, diversos fatores influenciam no achado das referidas partículas metálicas em mãos tais como: preservação adequada do local ou região de interesse desde o momento do disparo até a coleta do material; umidade da pele, presença de pelos, higiene da região de interesse antes da coleta; tipo de arma, calibre e munição, proteção e/ou posição das mãos quando da realização do disparo; tempo decorrido entre o evento e a coleta.** Salvador/BA, 17 de fevereiro de 2015. Exame Assinado pelo Perito Criminal: Enoque Silva Santos[71] (Grifos meus).

Da leitura do trecho, o que mais chama a atenção é que a negativação da existência de indícios de pólvora nas mãos do cadáver é acompanhada por uma longa ressalva quanto à suficiência do resultado para definir se houve ou não um disparo. Isso não acontece apenas nesse laudo, mas em todos em que resquícios de pólvora não são encontrados nas mãos dos cadáveres.

Em contrapartida, de acordo com as críticas de Genival França, o resultado positivo também é insuficiente para que se possa afirmar, definitivamente, que houve disparo. Então, por que não há nenhuma ressalva quanto a esse fato nos laudos de resultados positivados? Tamanho desequilíbrio argumentativo nos laudos periciais nos permite concluir que há um esforço institucional, ainda que inconsciente, para justificar quaisquer detalhes que fujam do quadro narrado pelos policiais.

Esse desequilíbrio perpassa as linhas e entrelinhas dos mais de 59 laudos periciais juntados ao processo, além de diversos ofícios e documentos trocados entre institutos de perícia, hospitais, delegacias e organizações que participaram da construção dos autos processuais do caso da Chacina do Cabula. Mergulhemos, então, nessa papelada.

---

71. Laudo de Exame Cadavérico de Evson Pereira dos Santos, p. 3777-3793.

PARTE 3

VERDADES SILENCIADAS: DIVERSAS MANEIRAS DE NÃO DIZER

O processo de homicídio da Chacina do Cabula que tramita na Vara do Tribunal do Júri do Estado da Bahia, ao menos até onde as barreiras burocráticas de sigilo me permitiram avançar, tem 12.570 páginas. Desse total, os doze laudos periciais de necrópsia representam 546 laudas; cada laudo se divide, em geral, em quatro páginas e meia de textos técnicos, três páginas de desenhos e esquemas ilustrados e seis páginas e meia de fotografias dos corpos mortos. Ao mesmo tempo, os laudos de lesões corporais ocupam apenas onze folhas do total dos autos, perfazendo a média de duas laudas por laudo, e se constituem apenas de textos técnicos redigidos pelo médico legista. Não há fotos, ilustrações nem qualquer recurso visual para uma perícia posterior ou para a validação do que está escrito.

Embora possa parecer algo irrelevante para a análise dos laudos mais importantes do conjunto, esse gritante desequilíbrio de páginas dedicadas à análise dos corpos dos sobreviventes *versus* à das vítimas fatais é essencial para compreender o interesse maior do Estado, nesse caso, representado pelo IML: o corpo negro morto.

Exame de corpo de delito: calando os que ainda têm voz

Faz-se necessário lembrar, antes de tudo, que a Chacina do Cabula é também um caso de tráfico de drogas. Não só no sentido amplo, por ser uma consequência da guerra às drogas conduzida por uma política de segurança pública, mas também porque o inquérito policial gerou, desde o início, dois processos judiciais. O mais notório deles tratou do homicídio das vítimas e tramita no 1º Juízo da 2ª Vara do Tribunal do Júri da Comarca de Salvador/BA; todavia, outro, menos conhecido, na 3ª Vara de Tóxicos da Comarca de Salvador/BA, seguiu os trâmites rotineiros para o encarceramento de jovens negros, acusando os sobreviventes Rafael, Mateus e Ícaro de serem traficantes de drogas, e o menor, Caio, de praticar ato infracional análogo ao tráfico de drogas.

Não é repetitivo lembrar que a justificativa dos policiais para estarem na comunidade da Vila Moisés fora a suposta realização de ronda de rotina, que permitiu o avistamento de um veículo similar a um carro que havia sido roubado e estava sendo utilizado em assaltos a banco e caixas eletrônicos. Os policiais alegaram ter sido recebidos a tiros quando adentraram a comunidade. Em resumo, eles supostamente averiguavam indícios de crimes contra o patrimônio, mas os sobreviventes da chacina, mesmo sem nenhuma investigação, acabaram sendo presos em flagrante por tráfico e, por essa acusação, ficaram 108 dias presos preventivamente "como forma de garantia da ordem pública"[72].

As circunstâncias da prisão dos acusados estão eivadas de contradições. Recapitulando o quadro narrado pelo Sobrevivente Rafael, esse foi dado como morto pelos policiais e levado com os cadáveres para o Hospital Geral Roberto Santos, onde pôde pedir ajuda e ser atendido

72. Autos do processo de tráfico de drogas foram tombados sob o nº 0510821-66.2015.8.05.0001.

pela equipe médica, após sofrer ameaças dos policiais para ficar calado. Contudo, o condutor da prisão em flagrante, o PM Sandoval Soares Silva, afirmou nos Autos da Prisão em Flagrante por Tráfico:

> [...] que quando equipe comandada pelo condutor se aproximava do mencionado grupo fora avistada pelo mesmo, passando todos a efetuarem disparos contra a sua viatura e demais equipes existentes naquela localidade, obrigando os policiais a desembarcarem e responder aos tiros recebidos visando cessar a resistência, acrescentando ainda que o grupo suspeito se dispensou enquanto durava o tiroteio ou seja cerca de dez minutos; **que cessado os disparos o condutor e seus colegas se aproximaram da área visualizando quatro elementos armados, caído ao chão, mais com sinais de vida , tendo próximo a tais corpos certa quantidade [de] droga e material para embalagem; que de imediato as armas foram tiradas das mãos dos suspeitos, sendo também apreendidas as drogas e o material para embalagem** após o que foram imediatamente conduzidos ao P. S do HRS, onde foram entregues a equipe medica [...][73] (Grifos meus).

Fica evidente que as histórias divergem frontalmente, o que impossibilita que acolhamos as duas como verdadeiras. Enquanto o relato de Rafael nos conduz para a narrativa em que ele foi levado para o hospital pelos policiais como se estivesse morto, de maneira oposta, o condutor do flagrante, PM Sandoval Soares Silva, relata que Rafael foi apreendido com sinais de vida, juntamente com os outros sobreviventes, em posse de itens proibidos como drogas, armas de fogo, munição e material para embalagem.

Apesar da divergência, as histórias não foram confrontadas oficialmente, de modo que o inquérito policial registra apenas a narrativa do condutor do flagrante, segundo a qual os sobreviventes foram encontrados trazendo consigo:

---

73. Autos de prisão em flagrante sob o nº 0303765-63.2015.8.05.0001, p. 4-5.

> [...] 513,20g (quinhentos e treze gramas e vinte centigramas) de cocaína, sob a forma de pó, distribuídos em 1.077 (hum mil e setenta e sete) porções, embaladas individualmente e 111,51g (cento e onze gramas e cinquenta e um centigramas) de cocaína, sob a forma de pedras de crack, distribuídos em 748 (setecentos e quarenta e oito) porções, embaladas individualmente em fragmentos de plástico branco e todos, ainda, portando 04 (quatro) armas de fogo, quais sejam: 01 (um) revólver de calibre .38, marca Taurus, nº de série 372181, com 05 (cinco) cartuchos de mesmo calibre, com 04 (quatro) picotados e 01 (um) intacto e 01 (um) estojo de mesmo calibre; 01 (um) revólver de calibre .38, marca Rossi, nº de série 873001, com 02 (dois) cartuchos intactos de mesmo calibre e 03 (três) estojos de mesmo calibre; 01 (um) revólver de calibre .38, com 02 (dois) cartuchos intactos de mesmo calibre, nº de série suprimido, aparentemente raspado e 03 (três) estojos de mesmo calibre; 01 (um) revólver niquelado, de calibre .32 LONG, marca Taurus, nº de série 59383, com 03 (três) cartuchos de mesmo calibre, com 02 (dois) picotados e 01 (um) intacto e 03 (três) estojos de mesmo calibre, tudo sem autorização e em desacordo com determinação legal ou regulamentar[74].

Como de praxe para esse tipo de abordagem, a suposta apreensão de objetos com os sobreviventes se sustentou unicamente na palavra dos policiais, e logo daqueles que se envolveram nos homicídios decorrentes de oposição à intervenção policial. Como afirma Camila Garcez: "a forja do combate ao tráfico de drogas, em territórios guetizados, tem concedido ao Estado, sangue de negros/as em troca da apreensão de armas e entorpecentes" (Leal, 2020). Não à toa, a pedido do delegado de polícia, mesmo gravemente feridos, inclusive com tiros na cabeça, os rapazes sobreviventes ficaram algemados durante todo o tempo em

74. Autos de prisão em flagrante sob o nº 0303765-63.2015.8.05.0001.

que foram socorridos no hospital; depois, foram encaminhados ao presídio, onde ficaram sob custódia até dois dias antes da realização da reprodução simulada.

Ofício 020/2015-SILC solicitando que os sobreviventes recebam tratamento médico algemados no Hospital Geral Roberto Santos[75]

SECRETARIA DA SEGURANÇA PÚBLICA
POLÍCIA CIVIL DA BAHIA
DEPARTAMENTO DE HOMICÍDIOS E PROTEÇÃO À PESSOA

27

Ofício nº020/2015-SILC

Salvador, 06 de fevereiro de 2015

IlmºSr.
Coordenador do Posto Policial do HGRS
Nesta

Senhor Coordenador

Após cumprimentá-lo, solicitamos a V. Sª os bons préstimos de manter sob custodia devidamente algemados os pacientes: [redacted], que deram entrada nesse hospital na data de hoje, após confronto com policiais militares.
Isto posto requeiro que seja informado a este Departamento a alta hospitalar dos referidos pacientes.

Na oportunidade, renovamos os nossos protestos de estima e consideração.

Bel Alberto Schramm
Delegado de Polícia

75. Ofício Algemas no Hospital 020/2015-SILC, p. 3236.

A liberdade provisória foi garantida após pedido defensivo de relaxamento de prisão durante audiência de instrução e julgamento, e, depois, assegurada de modo definitivo com a absolvição dos sobreviventes por insuficiência de provas[76]. Infelizmente, no contexto de injustiças em nome da guerra às drogas, esse foi um caso de sorte: a atenção voltada para o caso fez com que o *standard* probatório, ou seja, os parâmetros a serem seguidos pela justiça para se chegar à condenação ou à absolvição dos réus, estivesse mais elevado do que na maioria dos processos de tráfico, em que se utiliza apenas da palavra policial.

Cabe ainda falar, todavia, de um detalhe relativo à situação dos sobreviventes na posição de acusados por tráfico: os exames de lesões corporais neles realizados. Explico-me. O protocolo oficial para a custódia de qualquer pessoa inclui uma parada no IML para realização do exame de corpo de delito antes que adentrem os estabelecimentos prisionais. Pelo IML passam os vivos e os mortos, sendo, em ambos os casos, a maioria negra. Em resumo, uma prisão em flagrante deve acontecer da seguinte maneira: primeiro, o suspeito é encaminhado para Delegacia de Polícia para lavrar o flagrante. Depois, é apresentado ao juiz de direito e ao Ministério Público para realização de Audiência de Custódia. Caso não tenha a liberdade provisória concedida ou a prisão relaxada, precisará passar pelo IML para fazer exame de corpo de delito e atestar sua integridade corporal antes de entrar nas penitenciárias e presídios[77]. Foi o que aconteceu no caso relatado, exceto por uma parada no Hospital, onde ficaram detidos enquanto recebiam atendimento.

Outro motivo para a realização de um exame de corpo de delito são possíveis violências que deixem vestígios ou marcas no corpo da pessoa agredida, como ocorreu no caso do Cabula. Ainda assim, apesar

---

76. Autos de tráfico de drogas: 0510821-66.2015.8.05.0001.

77. Os procedimentos para a prisão em flagrante estão descritos no Código de Processo Penal Brasileiro, mais precisamente no Título IX, Capítulo II — Da Prisão em Flagrante.

de terem sido identificados seis sobreviventes da chacina, apenas quatro deles realizaram o exame de lesões corporais. Os sobreviventes que não foram alcançados pelos policiais presentes na chacina e que decidiram buscar tratamento em outros hospitais não passaram por exames de lesões corporais, a despeito da necessidade dessas análises para que se obtivessem provas possivelmente favoráveis às narrativas deles.

Assim, fica bastante claro que, no processo da Chacina do Cabula, as perícias de lesões corporais são realizadas como procedimento padrão de viés punitivista. O IML transforma-se apenas em uma antessala para o estabelecimento prisional, deixando de lado sua potência como aliado da Justiça. Dito isso, vamos analisar mais a fundo tais exames.

Vimos que a primeira providência burocrática para a realização do exame de corpo e delito é a expedição da Guia Pericial pela autoridade policial. No caso da Chacina, foram emitidos dois tipos de guias periciais: a que solicita exames em um dos policiais, que foi atingido de raspão por um projétil de arma de fogo, e a dos sobreviventes, que estavam sendo custodiados para prisão. Faremos a comparação dos dois estilos de guias, utilizando o documento produzido para o exame do Sobrevivente Rafael como referência. Para melhor compreensão, transcreverei o texto correspondente ao histórico do fato de ambas as guias, emitidas no dia do evento, logo após ocorrência dos fatos. Vejamos:

STJ-Petição Digitalizada (PET) 00476287/2016 protocolada em 23/09/2016 às 16:06:41 (e-STJ Fl.8710)

98

GOVERNO DO ESTADO DA BAHIA
SECRETARIA DA SEGURANÇA PÚBLICA
DEPARTAMENTO DE POLÍCIA TÉCNICA

GUIA PARA EXAME MÉDICO LEGAL

Data Emissão: 06.0.2015	Nº da Guia 05/2015	Nº da Ocorrência: 0262/2015	Nº do Inquérito	Nº do Processo

Autoridade Requisitante: Bel. Odair Carneiro dos Santos

Nome Órgão Requisitante: Delegacia de Homicidios Multiplos – DHM

Destino do Laudo: Delegacia de Homicidios Multiplos – DHM

Descrição da Ocorrência

Data: 06/02/15 | Hora: 03h50min | Natureza do Fato: Exame de lesões corporais

Local: Estrada das Barreiras

Bairro: Estrada das Barreiras

Histórico do fato: Periciando DICK ROCHA DE JESUS , a fim de submeter-se a exame de sanidade física.

Guia para exame pericial nº 05/2015, PM Dick Rocha de Jesus, p. 8710

Histórico do fato: Periciando DICK ROCHA DE JESUS , a fim de submeter-se a exame de sanidade física.[78]

154

GOVERNO DO ESTADO DA BAHIA
Secretaria da Segurança Pública
Departamento de Polícia Técnica

GUIA PARA EXAME MÉDICO - LEGAL

Data Emissão: 6.02.15	Nº da Guia: 219/15	Nº da Ocorrência: 262/15	Nº do Inquérito	Nº do Processo

Autoridade Requisitante: [illegible] Macedo

Nome do Órgão Requisitante: [illegible]

Destino do Laudo: [illegible]

Descrição da Ocorrência

Data: 6.02.15 | Hora | Natureza do Fato

Local: Estrada das Barreiras

Bairro: Vila Paula

Histórico do Fato: O examinando encontra-se baleado na [illegible] direita, cabeça [illegible] [illegible] necessidade [illegible] submetido a exame de lesões corporais

Guia Pericial nº 219/2015 submetendo o Sobrevivente Rafael à perícia, p. 3360

78. Guia para exame pericial PM Dick, p. 8710.

> Histórico do fato: O examinando encontra-se baleado na perna direita e cabeça por haver trocado tiros com Polícia Militar sendo preso e autuado em flagrante delito havendo a necessidade ser submetido a exame de lesões corporais[79].

Na análise das guias periciais, não é possível deixar de notar, em primeiro lugar, a diferença na produção dos documentos. Enquanto a guia pericial emitida em favor do PM Dick Rocha de Jesus foi produzida em um computador e impressa, é legível, nítida e tem a maioria das suas seções do formulário preenchidas, a guia pericial em favor do Sobrevivente Rafael foi escrita em letra cursiva, menos legível, copiada através de papel carbono e, por isso, esmaecida, com seções importantes do formulário, como a hora de emissão da guia, em branco. Outra questão relevante é a falta de quesitação complementar para a resposta do perito, o que indica que a versão policial é assumida como verdadeira e inquestionável. Consequentemente, há uma resignação conformada para o encarceramento como único caminho para o Sobrevivente Rafael. O exame não é realizado para sanar dúvidas, mas para cumprir burocracias.

Não se pode assimilar como uma situação ao acaso. Afinal, a atenção dada na produção de cada uma das guias periciais explicita qual exame tem maior importância na construção do inquérito. Como é possível constatar nas imagens anteriores, a guia do policial militar Dick tem a intenção de verificar sua "sanidade física" e gerar provas que corroborem a versão policial de um possível confronto, ressaltando a marca deixada em um agente estatal.

Já a guia de Rafael é apenas um procedimento formal para mais um cotidiano encarceramento de jovem negro acusado de tráfico. A autoridade policial não se importa com a "sanidade física" de Rafael, visto que não foi perguntado, via quesitação complementar, nada além do que a lei obriga. Conclui-se, então, que saber quais "lesões corporais"

79. Guia para exame pericial Sobrevivente Rafael, p. 3360.

foram deixadas no corpo do jovem pelos policiais durante a madrugada é secundário diante da necessidade de criação de provas para resguardar o Estado atrás da afirmativa de que o corpo já entrou no estabelecimento prisional daquele jeito, com as chagas do racismo.

Além da questão estética e visual, é possível notar uma diferença abissal entre as guias também na linguagem utilizada no campo do Histórico do Fato, transcrito acima. Percebe-se que a guia para o exame do policial é sucinta, direta, sem qualquer narrativa que influencie o perito na construção do laudo, diferentemente do que acontece na guia da vítima Rafael, em que a história do suposto confronto policial é reforçada e o seu estado de preso em flagrante, ressaltado. Tais acréscimos, realizados desde a solicitação da guia, são rotineiros e fazem parte da transformação das vítimas da chacina em criminosos — o que, mesmo não justificando um assassinato por parte da polícia, cria uma aura de legitimidade para as mortes e tentativas de homicídio.

É notório, também, que o texto da guia pericial faz referência ao PM Dick não apenas pelo nome próprio como também pela profissão que ocupa, dando-lhe uma posição e função na sociedade. Já o Sobrevivente Rafael é citado apenas como "o examinando", em uma linguagem que subtrai sua identidade, cidadania e humanidade. Como disse Lélia Gonzalez, "o negro tem que ter nome e sobrenome, senão os brancos arranjam um apelido... ao gosto deles" (Bairros, 2000). No caso, a alcunha que escolheram para o Sobrevivente Rafael na guia pericial vista não foi sequer individualizada, constituindo um nome genérico e coletivo útil para qualquer outro "examinando" que vier a precisar de um exame de lesões corporais.

Outro elemento a ilustrar o tratamento dado aos "examinandos" como seres indignos de humanidade é a maneira como se referem a Rafael. Note que, enquanto a autoridade policial afirma que o PM Dick vai se submeter ao exame, é posto que Rafael será submetido ao exame. A linguagem informa, mais uma vez, quem é o sujeito de direito e quem é visto como objeto no inquérito policial. Colocando as elaborações de

Franz Fanon e Achille Mbembe em diálogo, ao negro é negado sistematicamente qualquer atributo de humanidade, e, por se encontrar designado à zona do não-ser (Fanon, 1961, p. 262), por viver em um constante estado de exceção e entregue à necropolítica, ele se torna um ser a ser submetido, matável ou que pode ser deixado para morrer (Mbembe, 2018, p. 18). O sobrevivente Rafael torna-se, portanto, só mais um "examinando", não importando as chagas deixadas no seu corpo, desde que se submeta ao espetáculo do sofrimento de maneira resignada.

Nesse sentido, Raphael Boldt afirma que os processos discursivos se formam e a linguagem se torna discurso a partir do momento em que são revestidos de ideologia carregados de significações dos discursos hegemônicos (Boldt, 2009, p. 50). Da mesma forma, Slavoj Žižek reflete que, a partir do momento em que a violência invade o campo da linguagem, há uma implicação em múltiplos níveis no campo da significação e mortificação do que se fala (Žižek, 2014). Ou seja, o discurso produzido desde a guia pericial se coaduna com a ideia de o negro não-ser considerado um ser humano, mas um recurso e uma ferramenta para as pessoas brancas (Wilderson III, 2021). Nas palavras de Žižek:

> Quando são tratados como inferiores, isso os torna realmente inferiores no âmbito de sua identidade social simbólica. Para colocar em outras palavras, a ideologia racista branca detém uma eficácia performativa. Não se trata simplesmente de uma interpretação daquilo que os negros são, mas de uma interpretação que determina o próprio ser e a existência social dos sujeitos interpretados (Žižek, 2014, p. 50).

Da análise dos laudos periciais de lesões corporais propriamente ditos, fica evidente a mesma a diferenciação estética: o laudo de lesões do policial juntado é o próprio documento original, bem alinhado às margens e legível, enquanto o laudo do Sobrevivente Rafael foi juntado por meio de uma fotocópia xerocada esmaecida, sem alinhamento e com carimbo sobre o texto, atrapalhando a leitura, conforme se pode observar:

IMLNR - Laudo nº 02 804-15

REGISTRO DE PORTARIA
SSA 09 de 03 2015
Exp. 788 DH

SERVIÇO PÚBLICO ESTADUAL
SECRETARIA DA SEGURANÇA PÚBLICA
DEPARTAMENTO DE POLÍCIA TÉCNICA
INSTITUTO MÉDICO LEGAL NINA RODRIGUES

LAUDO DE EXAME DE LESÕES CORPORAIS

NOME: DICK ROCHA DE JESUS.
DATA: 06/02/2015 às 18:20 horas
LOCAL: INSTITUTO MÉDICO LEGAL NINA RODRIGUES.
AUTORIDADE REQUERENTE: Bel. Odair Carneiro dos Santos.
REMETER LAUDO PARA: DHM.
PERITO: Dr. André Luís Andrade de Oliveira.

QUESITOS MÉDICOS LEGAIS

1º Resultou ofensa à integridade corporal, ou à saúde do examinado?
2º Qual o instrumento ou meio empregado na produção da (s) lesão (es)?
3º Trata-se de lesão que determine incapacidade para as ocupações habituais por mais de trinta dias?
4º Resultou perigo de vida? No caso afirmativo, caracterizá-lo.
5º Resultou debilidade permanente de membro, sentido ou função ou aceleração do parto?
6º Resultou incapacidade permanente para o trabalho, enfermidade incurável, perda ou inutilização de membro, sentido ou função, deformidade permanente ou aborto?

TEXTO

A) PREÂMBULO - No dia, hora e local acima referidos, o Perito designado pelo Sr. Dr. Diretor do Instituto Médico Legal Nina Rodrigues, nos termos do art. 159, da lei 11.690, de 09 de junho de 2008, que altera dispositivos do Decreto-Lei nº. 3.689, de 3 de outubro de 1941 - Código de Processo Penal, relativo à prova, e dá outras providências, procedeu ao Exame de Lesões Corporais na pessoa de DICK ROCHA DE JESUS, sexo masculino, com 47 anos de idade, estado civil casado, cor [illegible], natural de Salvador-BA, profissão servidor público estadual, instrução 2º grau, religião não possui, residente na [illegible], Caminho [illegible], casa nº. 08, [illegible], Salvador-BA, filho de [illegible] de Jesus e de [illegible] Rocha de Jesus. Em face ao que viu e constatou, tem a referir o seguinte: B) EXPOSIÇÃO - Em dia, hora e local acima citados, compareceu o periciando, munido da guia policial nº. 02/2015, expedida pela DHM, portando a carteira funcional de matrícula número

IMLNR - Laudo nº 02300-15

REGISTRO DE PORTARIA
SSA, 20 03 / 2015
Exp. 1238 [illegible]

SERVIÇO PÚBLICO ESTADUAL
SECRETARIA DA SEGURANÇA PÚBLICA
DEPARTAMENTO DE POLÍCIA TÉCNICA
INSTITUTO MÉDICO LEGAL NINA RODRIGUES

LAUDO DE EXAME DE LESÕES CORPORAIS

NOME: ██████
DATA: 06/02/2015 às 17:37 horas.
LOCAL: INSTITUTO MÉDICO LEGAL NINA RODRIGUES.
AUTORIDADE REQUERENTE: BEL. [illegible] MALAQUIAS MACEDO
REMETER LAUDO PARA: DHPP
PERITO: DR. [illegible] MAGALHÃES NUNES

QUESITOS MÉDICOS LEGAIS

1º Resultou ofensa à integridade corporal, ou à saúde do examinado?
2º Qual o instrumento ou meio empregado na produção da (s) lesão (es)?
3º Trata-se de lesão que determine incapacidade para as ocupações habituais por mais de trinta dias?
4º Resultou perigo de vida? No caso afirmativo, caracterizá-lo.
5º Resultou debilidade permanente de membro, sentido ou função ou aceleração do parto?
6º Resultou incapacidade permanente para o trabalho, enfermidade incurável, perda ou inutilização de membro, sentido ou função, deformidade permanente ou aborto?

TEXTO

A) PREÂMBULO - No dia, hora e locais acima referidos, ao Perito designado pelo Srª. Drª Diretora do Instituto Médico Legal Nina Rodrigues, nos termos da Lei 11.690 de 09 de junho de 2008, procedeu ao Exame de Lesões Corporais na pessoa de ██████ sexo masculino, com 22 anos de idade, estado civil: solteiro, cor: melanoderma, natural de: Salvador-BA, profissão: ajudante de pedreiro, instrução: nível fundamental incompleto, Religião: não declarada, residência ██████ Cabula, Salvador-BA. Filho de ██████ Em face ao que viu e constatou, tem a referir o seguinte: B) EXPOSIÇÃO - Em dia, hora e local acima citado, compareceu o periciando, munido da guia policial nº. 219/2015, Ocorrência nº 263/2015 expedida pela DHPP, colhidas as impressões digitais, a fim de submeter-se a exame médico legal, custodiado por investigadores policiais do DHPP. Alega

Departamento de Polícia Técnica
Instituto Médico Legal Nina Rodrigues
CONFERE COM O ORIGINAL
Em 29 de 06 de 2015

s 16:06:41 (e-STJ Fl.3029)

5.066

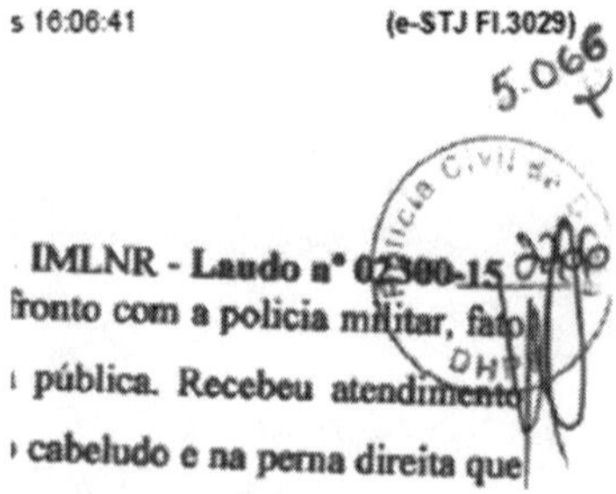

IMLNR - Laudo nº 02300-15
fronto com a policia militar, fato
pública. Recebeu atendimento
cabeludo e na perna direita que

Do lado esquerdo, o Laudo do PM Dick. Ao lado direito, o Laudo do Sobrevivente Rafael. Abaixo é destacado carimbo sobre o texto[80]

80. Laudo de Lesões Corporais do PM Dick Rocha de Jesus, p. 3775-3776 e Guia 219/2015 para Exame de Lesões Corporais do Sobrevivente Rafael, p. 3360.

Se a diferenciação de tratamento dado ao PM Dick e ao Sobrevivente Rafael fica bastante transparente nas guias periciais, os laudos voltam a enrustir tal distinção, forçando-nos a ter um olhar mais atento às entrelinhas. Afinal, ambos os laudos são bastante sucintos, com linguagem seca e direta, não passando de 21 linhas de conteúdo escrito e não contendo fotos nem esquemas desenhados. São idênticos também os quesitos neles respondidos:

QUESITOS MÉDICOS LEGAIS

1° Resultou ofensa à integridade corporal, ou à saúde do examinado?
2° Qual o instrumento ou meio empregado na produção da (s) lesão (es)?
3° Trata-se de lesão que determine incapacidade para as ocupações habituais por mais de trinta dias?
4° Resultou perigo de vida? No caso afirmativo, caracterizá-lo.
5° Resultou debilidade permanente de membro, sentido ou função ou aceleração do parto?
6° Resultou incapacidade permanente para o trabalho, enfermidade incurável, perda ou inutilização de membro, sentido ou função, deformidade permanente ou aborto?

Laudo Pericial de Exame de Lesões Corporais do PM Dick Rocha de Jesus, p. 3775-3776

Apesar da aparente semelhança entre os laudos, um detalhe que vem a mudar tudo os distancia completamente. O perito responsável pelo exame registra que o PM Dick "alega ter sido vítima de disparo de arma de fogo, no dia 06/02/2015, às 03h50min. Local: via pública, Estrada das Barreiras, Salvador-BA" (Laudo de Lesões Corporais do PM Dick Rocha de Jesus, p. 3775-3776). No laudo do Sobrevivente Rafael a estrutura é a mesma. O perito responsável registra que Rafael "alega ter sido alvejado por dois disparos de arma de fogo durante um confronto com a polícia militar, fato ocorrido no dia 06/02/2015, sem horário informado, local em via pública. Recebeu atendimento no Hospital Roberto Santos".

Em um primeiro momento, causa estranheza a afirmação do Sobrevivente Rafael de que houve um "confronto" entre moradores e a Polícia Militar, quando já sabemos qual versão dos fatos ele sustentou. A resposta para essa mudança de discurso pode estar amparada pelo que está expresso algumas linhas acima: "compareceu o periciando [...] custodiado por investigadores policiais do DHPP". É, assim, evidente que a realização do exame de corpo de delito com a presença de policiais logo após a perpetração de violência policial sobre o Sobrevivente é um entrave para obtenção da verdade no procedimento, e, desde antes da sua realização, já coloca o examinando em desvantagem e em situação de desconforto.

Esse não foi um ponto fora da curva no caso da Chacina do Cabula. A escolta policial, seja de policiais civis, penais ou militares, é frequente na realização de exames de corpo de delito, inclusive na Bahia. Em levantamento feito pelo Núcleo de Perícia do Mecanismo Nacional de Prevenção e Combate à Tortura (MNPCT), foi constatado que apenas um dos órgãos periciais do país não mantém, em nenhuma hipótese, o agente policial durante a realização do exame de corpo de delito. Já 33,3%, afirmaram que a presença acontece raramente, enquanto somam 62,9% os que as mantém ocasionalmente, frequentemente ou sempre (Mecanismo Nacional de Prevenção e Combate à Tortura, 2020). Após uma reflexão sobre a temática, em Nota Técnica nº 7, o MNPCT recomendou ao Estado Brasileiro que seja proibida a presença de agentes de custódia ou policiais durante a realização de exame de corpo de delito em pessoas privadas de liberdade, como forma de assegurar um espaço humanizado e adequado para denunciar a prática de tortura ou outros tratamentos cruéis[81].

Entretanto, não foi apenas a presença policial durante a realização do exame de corpo de delito que prejudicou a qualidade do laudo. Após

81. Laudo de Lesões Corporais do PM Dick Rocha de Jesus, p. 3775-3776 e Guia 219/2015 para Exame de Lesões Corporais do Sobrevivente Rafael, p. 3360.

as informações dadas no preâmbulo e no histórico do laudo, os peritos passaram à descrição das lesões encontradas, tendo sido registrado o seguinte no laudo do PM Dick:

> Ao exame o perito verificou: 1) Ferida contusa superficial medindo 2,5 cm na região parietal esquerda. Nada mais tendo a relatar, o Perito deu por encerrado o presente exame, passando às respostas aos quesitos médicos legais: Ao 1 º: sim. Ao 2º: ação contundente. Do 3° ao 6º: não.

Já no laudo do Sobrevivente Rafael, consta:

> Ao exame: 1- curativo no couro cabeludo e na perna direita que o perito não remove para não prejudicar o tratamento médico; não veio acompanhado de relatório do Hospital Roberto Santos; há informação do periciando e do policial custodiante de que foi alvejado por projeto de arma de fogo de raspão na cabeça e penetrou na perna direita más que não precisou de cirurgia. Nada mais tendo a relatar, deu o Perito por encerrado o presente exame passando às respostas aos quesitos médicos legais: Ao 1°: sim. Ao 2°: o perito não tem elemento para determinar. Do 3° ao 6°: só com exame posterior após tratamento médico finalizado devendo trazer relatório médico atualizado.

São numerosos os problemas a serem evidenciados na comparação entre os laudos. Inicialmente, não se pode deixar de ressaltar que o médico legista sequer observou as marcas deixadas no corpo de Rafael. Reitero: em um exame com finalidade de atestar a existência e/ou o estado das lesões corporais, o examinando não teve as suas evidentes lesões sequer observadas, muito menos descritas e atestadas. O perito apenas relatou o que qualquer outra pessoa, sem nenhum conhecimento em medicina legal, poderia ter dito: havia curativos, e os presentes disseram que não houve necessidade de cirurgia. Ou seja, o relato do policial e do examinando Rafael (coagido pela presença policial) são colocados no local que deveria ser reservado às observações de um profissional especializado, qual seja, um perito. Os ferimentos e machucados restaram escondidos embaixo de gazes, esparadrapo e curativos, mesmo tendo o médico total habilidade e conhecimento para refazê-los sem prejudicar o tratamento do periciando. No entanto, a exposição do perito resumiu-se a isto.

Outro aspecto alarmante está na total inércia e passividade do órgão pericial na busca pela documentação essencial para a completa aferição das lesões causadas. Não critico, aqui, a exigência legal de que o órgão pericial seja provocado por autoridade policial ou judicial para dar início a produção de um laudo ou perícia, e sim a inércia do órgão no processo de realização do laudo, após a provocação por autoridade policial.

No caso em análise, o perito sinaliza que o Sobrevivente Rafael não estava em posse do relatório médico do hospital onde recebeu tratamento, e usa isso para alegar que não tinha elementos para afirmar, por exemplo, qual instrumento foi utilizado para ofender a integridade corporal de Rafael. Com isso, o IML, um órgão da máquina estatal, repassa para o indivíduo lesionado e sob custódia a inteira responsabilidade da colheita de informações essenciais para a produção do laudo, às quais facilmente poderia ter acesso, enquanto desresponsabiliza seus servidores e o Estado como um todo. Dessa forma, por dificultar demasiadamente a prática burocrática para a vítima, os quesitos legais sempre estarão prejudicados antes de serem respondidos, impedindo que qualificadoras penais sejam aplicadas a delitos sob investigação, por exemplo. Importa acrescentar que a identificação das qualificadoras é relevante, na medida em que constatada sua existência, tornam o crime mais grave. A título de ilustração, se alguém comete um homicídio com o emprego de veneno, fogo, explosivo, asfixia, tortura, ou outro meio insidioso ou cruel, ou ainda por algum meio que possa resultar perigo comum, a pena será mais pesada do que se o crime tivesse sido cometido sem tais circunstâncias.

Aqui, mais uma vez, salta aos olhos a discrepância da organização e integração dos órgãos do Estado quando o assunto é a produção de verdade e de Justiça. Enquanto as câmeras de reconhecimento facial têm acesso a diversos bancos de dados para dar conta da sanha punitivista, os órgãos periciais não detêm um simples sistema de comunicação direto e facilitado com hospitais públicos e instituições de saúde, para a coleta de relatórios e prontuários médicos necessários para responder aos quesitos obrigatórios por lei em laudos periciais. Questões burocráticas como essas vão criando barreiras necrogovernamentais difíceis de serem transpostas pelas vítimas e que facilitam e permitem a exclusão e a invisibilização de alguns corpos. Sobre o assunto, Fábio Luís Franco diz:

> À primeira vista, os dispositivos necrogovernamentais que administram o fluxo cadavérico parecem similares ao modelo panóptico, visto que o corpo morto é envolto em dezenas de fichas, formulários, atestados e laudos que buscariam individualizá-lo ao máximo, sem deixar escapar da visão da burocracia qualquer traço ainda incógnito. Contudo, trata-se exatamente do contrário. Em relação à máquina biopolítica, a necrogovernamentalidade funciona de maneira radicalmente distinta, não apenas porque o poder da burocracia da morte produz documentos sobre corpos mortos, mas, principalmente, porque o que resulta dessa proliferação de papéis é a produção de uma visibilidade invisibilizadora (Franco, 2021, p. 31-32).

À luz do que afirma Franco, nos atentamos para a existência de um zigue-zague burocrático dos documentos, em que o laudo percorre variados setores no Departamento de Polícia Técnica, nas Delegacias e no Judiciário, e cada repartição deixa sua marca de "recebido". Assim, em um primeiro momento, é possível confundir tanto preciosismo com práticas de cuidado e cautela, que demandariam um percurso maior para a garantia de um laudo primoroso, mas não é isso que vemos nos dados da realidade.

Vejamos uma demonstração desse problema nos laudos de lesões corporais da Chacina do Cabula. No laudo do sobrevivente Mateus[82], podem ser encontradas cinco assinaturas no inteiro teor de duas laudas, sendo apenas uma delas identificável, que foi a da perita que realizou o exame clínico. Já no laudo de lesões corporais do sobrevivente Caio[83], visualizamos apenas três assinaturas na mesma quantidade de laudas, e a única identificável é, novamente, a da perita examinadora.

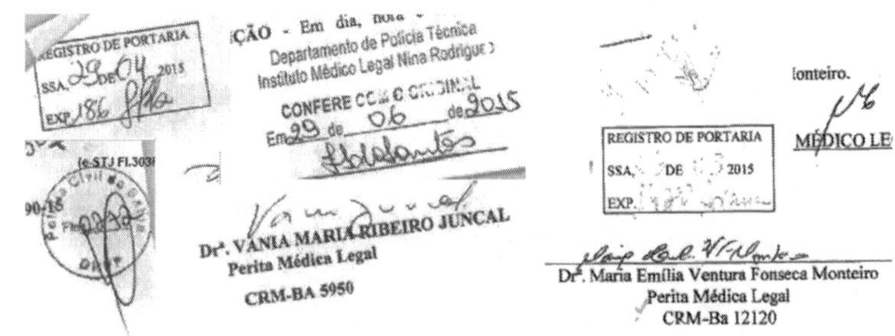

Assinaturas e carimbos dos Laudos de Lesões Corporais de Mateus e Caio

O que essas assinaturas sinalizam? Além de dar oficialidade, será que um dos laudos passou por mais mãos do que o outro? Será que foi necessária a revisão dos pares? Por que um laudo tem mais certificações do que o outro? Quem participou da produção dos laudos? Quem é o dono de cada uma das assinaturas?

Adensando ainda mais essa discussão, Letícia Ferreira explicita que, para além de a burocracia permitir o desaparecimento de alguns mortos

82. Laudo de Lesões Corporais Sobrevivente Mateus, p. 3035-3036.

83. Laudo de Lesões Corporais Sobrevivente Caio, p. 7335-7337.

indesejados — que podem ser enterrados como indigentes pela simples ausência de um formulário, por exemplo —, a quantidade enorme de papéis e carimbos espalhados por diferentes setores permite a diluição da responsabilidade de cada um dos profissionais que se envolveram no processo administrativo da morte, fragmentando a rotina do fluxo cadavérico (Ferreira, 2009, p. 118).

Assim, as assinaturas e carimbos registrados em documentos oficiais não têm um caráter responsabilizador e são investidas de validade pelo simples fato de terem a rubrica de funcionários públicos em um papel timbrado. Como cada agente faz uma pequena parcela de um trabalho cuja totalidade os transcende, a responsabilidade é imputada a todos e, na prática, a ninguém (Franco, 2021, p. 31-33). Diante dessa realidade, Fábio Luis Franco faz uma indagação provocadora: "Por que se preocupar, então, em assinar de maneira legível uma guia de recolhimento de cadáver? E quais problemas acarretaria a ausência de um nome em outro documento?"[84].

Não é difícil concluir que os laudos periciais de lesões corporais da Chacina do Cabula, que deveriam nos dar armas para um contra-ataque jurídico diante dos algozes e perpetradores de violências que deixaram marcas, acabam sendo documentos favoráveis ao encarceramento de jovens negros. Os exames de corpo de delito, que deveriam ser capazes de dar respostas sobre o acontecido, acabam produzindo cada vez mais questionamentos, afirmando o óbvio, afastando-nos de uma possibilidade de encontrar justiça e calando as vozes dos que, por sorte, não morreram naquela madrugada e foram inocentados de uma acusação por tráfico de drogas.

---

84. Laudo de Lesões Corporais Sobrevivente Caio, p. 7335-7337.

Os mortos gritam para ninguém: analisando os laudos cadavéricos

Passemos, agora, aos laudos cadavéricos do caso em estudo. A análise desse material e das suas respectivas guias periciais foi um processo difícil, que exigiu sucessivas reformulações na metodologia. Mais que isso, exigiu ultrapassar alguns abismos para acessá-los.

Traduzindo em pretuguês

Sem dúvida, o abismo mais evidente é o *status* sigiloso imposto ao processo de homicídio da Chacina do Cabula. Como relatado, para sanar tal dificuldade, utilizei uma brecha no sigilo das instâncias superiores e baixei as cópias dos autos juntadas no Supremo Tribunal Federal para o julgamento de Agravo em Recurso Extraordinário em Incidente de Deslocamento de Competência. Com isso, foi possível ter acesso à íntegra do processo.

O segundo abismo a ser superado é a extrema dificuldade na compreensão do mediquês[85] no qual os laudos estão redigidos. Infelizmente, tal característica é naturalizada e vista como inevitável. No entanto, cabe relembrar que a medicina legal, de acordo com a definição de Hélio Gomes, é "o conjunto de conhecimentos médicos e paramédicos destinados a servir ao Direito, cooperando na elaboração, auxiliando na interpretação e colaborando na execução dos dispositivos legais, no seu campo de ação de medicina aplicada". Ou seja, a medicina legal é uma

85. Embora o juridiquês não tenha sido um problema na análise dos laudos periciais e documentos do processo, isso se deve ao conhecimento prévio e letramento da autora no dialeto jurídico. É fato que o *juridiquês* também se mostra uma barreira a ser ultrapassada por pessoas externas ao mundo jurídico.

área médica totalmente direcionada para o Direito, com suas necessidades e seus atores, cujos laudos devem, portanto, ser passíveis de fácil entendimento pelos profissionais que vão manipulá-los. Contudo, a linguagem dos textos que compõem os laudos é extremamente técnica:

> Feita a incisão mento-manúbrio-pubiana (desviada à esquerda da cicatriz umbilical), dissecada a musculatura peitoral anterior, aberta a cavidade abdominal pela linha Alba, seccionadas as cartilagens costais e retirado o plastrão condro-estemal, o perito observou posição anatômica habitual dos órgãos. Pescoço: dissecados os músculos infra e supra-hióideos, constatou-se sufusão hemorrágica em musculatura, sendo recuperado um projétil em 4ª vértebra cervical. Clavículas e esterno sem alterações. Costelas e espaços intercostais: transfixação do 2º espaço intercostal anterior direito; 4º arco costal posterior direito a um centímetro da vértebra e do 10º espaço intercostal posterior esquerdo. Esôfago e brônquios sem alterações. Pleuras e cavidades pleurais transfixadas bilateralmente. Hemotórax de 400 mililitros de cada lado. Pulmões com transfixação bilateralmente. Saco pericárdico e Coração sem alterações. Grandes vasos do tórax: transfixação em aorta ascendente. Diafragma separando as duas cavidades: com transfixação. Cavidade abdominal com vísceras tópicas. Hemoperitônio de 100 mililitros[86].

Não se pode deixar de concordar que uma tal linguagem traz mais dúvidas do que respostas a um profissional do Direito. É evidente que deve haver uma descrição minuciosa do exame, com os termos específicos da profissão, porém, o laudo não pode se resumir a isso. É necessário traduzir o conteúdo descrito para os juristas e, sobretudo, para o público em geral. Afinal, há de se concordar que, assim como o mediquês,

---

86. Laudo Cadavérico de Caíque Bastos dos Santos, p. 3854-3866.

o juridiquês também não é facilmente entendido por faladores do pretuguês[87], e não apenas os juristas acessarão os laudos periciais do processo.

Relato, aqui, minha experiência pessoal com esse tipo de material. Em um primeiro momento, supus que a melhor solução para atravessar esse abismo seria contratar um médico legista como tradutor, a fim de redigir, para mim, um parecer médico legal sobre o caso do Cabula e os laudos em questão. Ou seja, recrutar um falante do mesmo dialeto para enfrentar a medicina. Seria uma resolução de médico para médico.

Acionei alguns conhecidos para receber indicações de médicos legistas que trabalhassem como assistentes técnicos em processos similares na cidade de Salvador. Tive uma reunião com um profissional que julguei mais adequado, na qual expliquei minhas intenções e dificuldades, e passamos a discutir os honorários a serem pagos. Após apresentar um valor inicial por laudo bastante elevado, o médico fez um bom desconto, por entender que eu não tinha interesse pessoal no caso. Agradeci a atenção e falei que entraria em contato novamente se realmente fôssemos fechar negócio.

Ao final das contas, acabei não contratando ninguém para fazer a tradução do laudo. Não apenas pelo preço, mas por compreender que o maior achado nessa tentativa de entender o laudo é justamente a minha incapacidade de fazê-lo como profissional de direito, quando o laudo é feito para pessoas como eu. Se os laudos periciais, que são voltados para os atores de um processo judicial, são incompreensíveis para leigos em medicina, é presumível que também o sejam para os familiares das vítimas, caso não sejam profissionais da área de saúde. Nessa hipótese, se um desses familiares se habilitasse como assistente de acusação no processo — e, para isso, contratasse um advogado ou se tornasse assistido da Defensoria Pública —, é muito possível que o profissional do

---

87. O pretuguês, no pensamento da Lélia Gonzalez, é a africanização da língua portuguesa falada no Brasil. Ver mais em: Gonzalez (1984, p. 223-244) e Gonzalez (1988).

direito que auxiliaria a família também não entenderia de forma plena o que é dito no laudo. Ele também precisaria de uma tradução, na forma de um parecer técnico, por um médico legista contratado, para só então usar os laudos a seu favor. Resta evidente que a maioria das vítimas desse tipo de ocorrência são moradoras de periferia, com poder aquisitivo incompatível com mais essa despesa envolvendo a morte de um ente querido. Então, só pode ter acesso à justiça através da perícia quem tem dinheiro para pagar por uma tradução?

O operador do direito que atuar nos processos como representante das partes e abdicar dessa tradução precisará fazer uma leitura dos laudos muito mais atenta e especializada. Deverá ler e questionar o que o laudo diz, mas, principalmente, ler nas entrelinhas o que ele não pode dizer e por qual motivo. Ou seja, é preciso, minimamente, dominar a técnica, a teoria e a prática da medicina forense para manejar os documentos periciais em favor da justiça e da defesa das populações em vulnerabilidade. Entretanto, em Salvador, local de ocorrência da Chacina do Cabula e capital do segundo estado em que mais acontecem mortes em operações policiais no Brasil (Ramos *et al.*, 20212, p. 14), nenhum dos cursos jurídicos que formam bacharéis em direito exige a cadeira de medicina legal como obrigatória. No mais, apenas três dos vinte e um cursos jurídicos ofertados em Salvador oferecem, como optativa, a disciplina para operadores do direito. Catorze das faculdades sequer incluíam o componente curricular em suas grades de disciplinas[88].

Assim, resolvi dialogar com os laudos da mesma forma que a maioria das famílias e profissionais do direito são obrigadas a dialogar, tendo a

---

88. Em pesquisa realizada no ano de 2018, levantou-se a situação da disciplina Medicina Legal em todos os cursos de Graduação em Direito ofertados na cidade de Salvador/BA. Na UFBA, por exemplo, a disciplina é oferecida como optativa. Ver mais em: LIMA, Bruno Gil Carvalho; QUARESMA, Amanda Gonçalves Prado; MACEDO, Érica Renata da Silva; BARROS, Ariela Silva. Medicina Legal nos Cursos Jurídicos de Salvador-BA: Lacuna na Formação dos Bacharéis. Congresso da UFBA 2019. Salvador, 2019.

conta a inaptidão do laudo de ser decifrável para todos e fervilhando de dúvidas quanto ao que o perito deveria ter respondido e não o fez. Como se tateasse no escuro a partir dos laudos, tentei compreender como os 68 tiros que acertaram as vítimas fatais seguem disfarçados de confronto policial, sob um linguajar inacessível e enfadonho, de modo a afastar os principais destinatários da descrição da carnificina do que foi a Chacina do Cabula.

Para obter respostas, são necessárias perguntas: em busca dos quesitos

É inevitável se debruçar sobre uma história como a da Chacina do Cabula e não se perguntar por qual motivo os atos foram esses, e não outros; como tantos detalhes essenciais ficaram de fora de documentos que deveriam narrar minuciosamente os acontecimentos; porque silenciam quanto a evidências explícitas e outras indagações. São perguntas e mais perguntas. No entanto, nos momentos em que foram concedidos espaços legítimos aos investigadores e à autoridade policial para perguntarem o que quisessem, nenhuma pergunta foi feita. Houve silêncio e silenciamento.

Em tópico anterior, já abordei a ausência de quesitação nas guias periciais direcionadas ao exame de lesões corporais dos sobreviventes, as quais trazem como únicos questionamentos realizados pela autoridade policial os quesitos oficiais. Esses são obrigatórios por lei para todo e qualquer exame de lesões corporais, visando verificar o grau de lesão sofrida; caso tenha havido, exige-se a aplicação da qualificadora no tipo penal sob investigação. Tais quesitos são:

> 1º Resultou ofensa à integridade corporal, ou à saúde do examinado?
>
> 2º Qual o instrumento ou meio empregado na produção da(s) lesão (es)?

> 3° Trata-se de lesão que determine incapacidade: para as ocupações habituais por mais de trinta dias?
>
> 4° Resultou perigo de vida? No caso afirmativo, caracterizá-lo.
>
> 5° Resultou debilidade permanente de membro, sentido ou função ou aceleração do parto?
>
> 6° Resultou incapacidade permanente para o trabalho, enfermidade incurável, perda ou inutilização de membro, sentido ou função, deformidade permanente ou aborto?

Seguindo a mesma inércia e indiferença das guias para a realização dos laudos de lesões corporais, as guias periciais para examinar as doze vítimas assassinadas pelo Estado também não geraram nenhuma dúvida, além do exigido por lei, na autoridade policial que investigava o caso. É preciso esclarecer, aqui, que os quesitos legais não estão escritos na guia, mas são implícitos e obrigatoriamente respondidos pelos peritos quando da elaboração do laudo. Assim, as guias são literalmente encaminhadas sem nenhum questionamento.

Dessa forma, os únicos quesitos respondidos nos laudos necroscópicos foram, novamente, os oficiais — e obrigatórios:

> 1° Qual a causa da morte?
>
> 2° Qual o instrumento ou meio empregado na produção da lesão ou lesões mortais?
>
> 3° Houve emprego de veneno, fogo, explosivo, asfixia, tortura, ou outro meio insidioso ou cruel, ou de que tenha resultado perigo comum?
>
> 4° Houve emprego, pelo agente, de algum recurso que dificultou ou tornou impossível a defesa da vítima?

É nítido o contraste entre as dúvidas que afloram no nosso entendimento ao se deparar com estas vidas ceifadas de maneira violenta e a certeza e a convicção que transparecem da leitura das guias periciais preenchidas pelas autoridades policiais requisitantes. Vejamos imagens de alguns trechos de guias periciais:

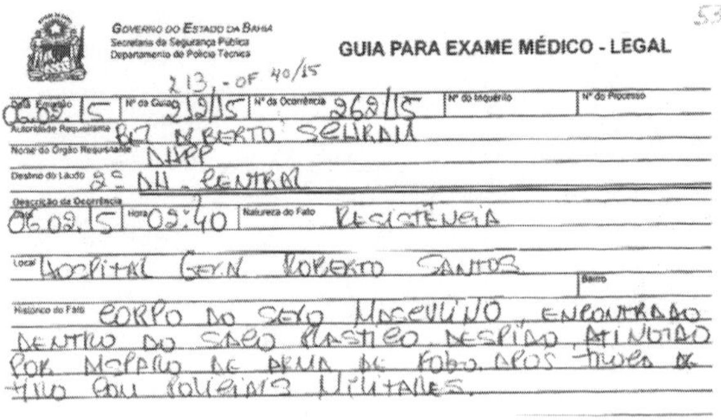

GOVERNO DO ESTADO DA BAHIA
Secretaria da Segurança Pública
Departamento de Polícia Técnica

GUIA PARA EXAME MÉDICO - LEGAL

213 - OF 40/15

Data Emissão: 06.02.15 | Nº da Guia: 212/15 | Nº da Ocorrência: 268/15 | Nº do Inquérito: | Nº do Processo:

Autoridade Requisitante: BEL ALBERTO SCHRAMM

Nome do Órgão Requisitante: DHPP

Destino do Laudo: 2º DH - CENTRAL

Descrição da Ocorrência: 06.02.15 | Hora: 02:40 | Natureza do Fato: RESISTÊNCIA

Local: HOSPITAL GERAL ROBERTO SANTOS | Bairro:

Histórico do Fato: CORPO DO SEXO MASCULINO, ENCONTRADO DENTRO DO SACO PLASTICO, DESPIDO, ATINGIDO POR DISPARO DE ARMA DE FOGO, APOS TROCA DE TIRO COM POLICIAIS MILITARES.

Guia Pericial para Exame Necroscópico de Vitor Amorim de Araújo, p. 3261.

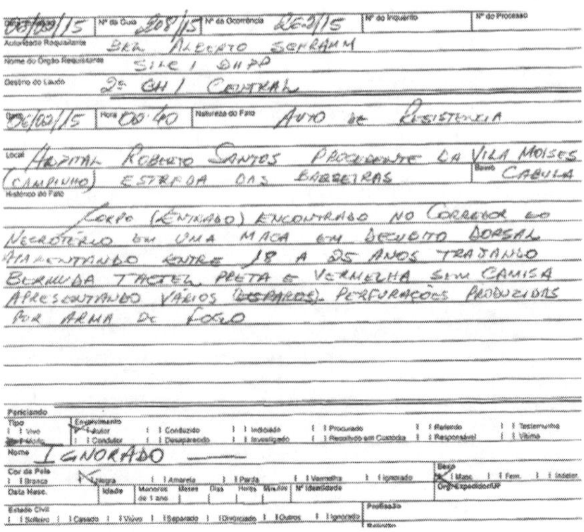

Data: 06/02/15 | Nº da Guia: 208/15 | Nº da Ocorrência: 262/15 | Nº do Inquérito: | Nº do Processo:

Autoridade Requisitante: BEL ALBERTO SCHRAMM

Nome do Órgão Requisitante: SILC / DHPP

Destino do Laudo: 2º DH / CENTRAL

06/02/15 | Hora: 02:40 | Natureza do Fato: AUTO DE RESISTENCIA

Local: HOSPITAL ROBERTO SANTOS PROCEDENTE DA VILA MOISES (CAMPINHO) ESTRADA DAS BARREIRAS | Bairro: CABULA

Histórico do Fato: CORPO (ENTRADO) ENCONTRADO NO CORREDOR DO NECROTÉRIO EM UMA MACA EM DECUBITO DORSAL APARENTANDO ENTRE 18 A 25 ANOS TRAJANDO BERMUDA TACTEL PRETA E VERMELHA SEM CAMISA APRESENTANDO VÁRIOS (DISPAROS) PERFURAÇÕES PRODUZIDAS POR ARMA DE FOGO

Periciando

Tipo: Vivo | Morto | Envolvimento: Autor | Condutor | Conduzido | Desaparecido | Indiciado | Investigado | Procurado | Recolhido em Custódia | Referendo | Responsável | Testemunha | Vítima

Nome: IGNORADO

Cor da Pele: Branca | Negra | Amarela | Parda | Vermelha | Ignorado | Sexo: Masc. | Fem. | Indeter.

Data Nasc. | Idade | Menores de 1 ano | Meses | Dias | Horas | Minutos | Nº Identidade | Órgão Expedidor/UF

Estado Civil: Solteiro | Casado | Viúvo | Separado | Divorciado | Outros | Ignorado | Profissão

Guia Pericial para Exame Necroscópico de João Luis Pereira Rodrigues, p. 3256.

Da leitura dessas guias, não há espaço para dúvidas quanto à cor da pele da vítima. Apesar de ser "Ignorada" sua identidade, a autoridade policial marca com um "X" em traço vívido que a vítima é negra e do sexo masculino. Afinal, a polícia baiana não costuma errar a pele-alvo dos homicídios decorrentes de intervenção policial na cidade de Salvador. Segundo o relatório "Pele-alvo: a cor da violência policial", todas as pessoas vitimadas fatalmente pela polícia no período pesquisado são negras (Ramos, 2021, p. 14). Ademais, não resta dúvida de que o envolvimento da pessoa morta encontrada dentro de um saco plástico era como autora de crime.

Assim, como o fato criminoso em análise é um homicídio, entende-se que o corpo que jaz morto sobre a maca foi autor da própria morte, o que fica bem evidente na versão preenchida no espaço reservado para "Histórico do Fato": o corpo foi "atingido por disparo de arma de fogo, após troca de tiro com policiais militares". Em resumo, é dito com segurança pela autoridade policial, sem formulação de nenhum quesito para verificação, que a pessoa morta deu causa à própria morte.

A convicção da autoridade policial de que Vitor Amorim de Araújo participou de tiroteio não tem, no entanto, lastro nas evidências: conforme analisado no capítulo anterior, o Exame de Identificação de Resíduos em Mãos n.º 2015 003441 03 não identificou nenhum vestígio de pólvora nas mãos dele. Logo, a ausência de questionamentos da autoridade policial, mesmo nos primeiros atos do inquérito policial e, portanto, de investigação, sugestiona que o delegado aceita irrefletidamente a versão policial dos fatos, não dando nenhuma possibilidade de produção probatória que contribua com outras versões possíveis.

Isso não é uma exclusividade do caso sob análise. Nos estudos de Misse, Grillo, Teixeira e Neri, é relatado que os casos de morte decorrente de intervenção policial não são prioridade para a Polícia Civil — da qual fazem parte as autoridades policiais, representadas pelos delegados. Esse *ethos* corporativo faz com que muitos policiais não se debrucem com seriedade sobre os inquéritos, para não criar indisposição com os colegas de profissão autores dos crimes (Misse; Grillo; Teixeira; Neri, 2011, p. 130). Apesar de identificar padrões importantes para casos similares, esse estudo é silente quanto à centralidade da raça das vítimas nesse comportamento das instituições investigativas, ou até para o cometimento de tais crimes (Leal, 2020), visto que a população negra e periférica é tratada como matável, o que contribui para que a maioria esmagadora dos inquéritos chamados de auto de resistência sejam arquivados sem nenhum quesito complementar ter sido formulado para desvendar os detalhes das suas mortes (Misse; Grillo; Teixeira; Neri, 2011, p. 130).

Nesse mesmo estudo, diversos relatos que demonstram e escancaram esse corporativismo entre as forças policiais foram colhidos:

> Um policial explicou que é complicado duvidar da palavra de um colega que participa com ele de ações nas ruas e os ajuda a prender criminosos, colaborando com o trabalho da polícia civil. Já um promotor da Central de Inquéritos nos contou que, certa vez, um delegado esboçou um pedido para que ele não denunciasse um grupo de policiais militares, pois, na opinião do delegado, os militares não eram bandidos e costumavam ajudá-lo em operações na circunscrição da DP. O promotor disse ter ignorado a insinuação do delegado e ter sugerido que os policiais militares buscassem um advogado. Outro promotor da Central de Inquéritos comentou que os delegados não costumam contrariar as versões dos policiais militares, pois precisam da parceria em muitas investigações: "O trabalho do delegado depende do trabalho do PM. Eles precisam um do outro. Então o delegado não pode ir contra os PMs. Se eles não tiverem boa relação, fica complicado para o delegado", explicou o promotor. Na opinião de um juiz de uma Vara de Tribunal do Júri: "há um certo coleguismo entre policiais civis e militares. A Polícia Civil não faz maiores questionamentos, quando não ajuda a montar a versão (sobre a morte)". Já um defensor de um Tribunal do Júri disse acreditar

> que os policiais, e também promotores, compartilham a visão de que bandidos são inimigos e podem ser mortos: "Não há empenho na investigação. O policial militar é parceiro do delegado, e o promotor também é parceiro. Eles têm o mesmo espírito de combate ao inimigo" (Misse; Grillo; Teixeira; Neri, p. 46-47).

Vimos que a formulação dos quesitos pela autoridade policial não dá voz às versões diferentes da narrada pela Polícia Militar. Vamos analisar, agora, como os quesitos obrigatórios vêm sendo respondidos pela outra ponta dos integrantes do sistema policial civil de carreira profissional. Ou seja, analisaremos como os peritos médicos-legistas, integrantes da Polícia Civil (Bahia, 2009), dão voz às vítimas através das respostas aos quesitos oficiais. Para tanto, transcrevo a resposta, exatamente como está escrita no laudo cadavérico, de cada um dos quesitos respondidos para cada uma das vítimas nos doze laudos analisados. O primeiro quesito a ser analisado é o que questiona: "Qual a causa da morte?":

TABELA 2 — **Respostas do primeiro quesito dos laudos cadavéricos**

VÍTIMA	1° QUAL A CAUSA DA MORTE?
Adriano de Souza Guimarães	Hemorragia torácica devido a transfixação da veia cava inferior por projétil de arma de fogo.
Agenor Vitalino dos Santos Neto	Transfixação cranioencefálica por projétil de arma de fogo.
Bruno Pires do Nascimento	Hemorragia torácica devido à transfixação pulmonar por projétil de arma de fogo.
Caíque Bastos dos Santos	Transfixação de órgãos torácicos e abdominais por projéteis de arma de fogo.
Evson Pereira dos Santos	Transfixação de encéfalo por projétil de arma de fogo.

TABELA 2 — **Respostas do primeiro quesito dos laudos cadavéricos** (CONT.)

VÍTIMA	1° QUAL A CAUSA DA MORTE?
Jefferson Pereira dos Santos	Transfixação cranioencefálica por projétil de arma de fogo.
João Luís Pereira Rodrigues	Hemorragia torácica devido à transfixação cardíaca por projétil de arma de fogo.
Natanael de Jesus Costa	Transfixações em órgãos internos produzidas por projéteis de arma de fogo.
Ricardo Vilas Boas Silva	Hemorragia intracraniana devido a transfixação cranioencefálica por projétil de arma de fogo.
Rodrigo Martins de Oliveira	Transfixações em órgãos internos produzidas por projétil de arma de fogo.
Tiago Gomes das Virgens	Transfixações em órgãos internos produzidas por projéteis de arma de fogo.
Vitor Amorim de Araújo	Transfixações de órgãos torácicos e abdominais por projeteis de arma de fogo.

Percebe-se que, da leitura das conclusões a que chegaram os peritos, todos os jovens assassinados naquele 6 de fevereiro de 2015, na Chacina do Cabula, morreram devido a transfixações por projéteis de arma de fogo. Essa informação, entretanto, não necessita da expertise de um médico legista para ser confirmada. O que esses profissionais têm a acrescentar é a exatidão da bala letal. Noutras palavras, é a explicação científica para nos informar, dentre os diversos tiros que cada vítima recebeu, qual lhes ceifou a vida.

Apesar dessa responsabilidade que cabe aos médicos-legistas, percebemos que, no primeiro quesito, três dos doze laudos concluem o que qualquer um poderia dizer: a causa da morte se deu por "transfixações em órgãos internos produzidas por projétil de arma de fogo". Trata-se de uma conclusão genérica, podendo ser usada em qualquer laudo pericial que trate de morte em consequência de disparo de arma de fogo, causa que, de acordo com os dados do Atlas da Violência, no ano de 2015, representaram 75% das mortes na Bahia (Fórum brasileiro de segurança pública, 2016).

Assim, se, para Flávia Medeiros, as mortes dos corpos que chegam ao IML apenas se tornam oficiais quando as causas da morte são registradas por meio de um burocrático laudo assinado por um perito — que precisa matar, novamente, o morto (Medeiros, 2016) —, as vítimas Natanael de Jesus Costa, Rodrigo Martins de Oliveira e Tiago Gomes das Virgens foram mortas, genericamente, e tiveram seus destinos traçados na causa da morte registrada, no momento em que o perito decidiu que usar uma resposta padrão para um tipo de morte facilitaria o seu trabalho.

A essa ausência de um procedimento operacional padrão para as ações cotidianas de funcionários públicos que trabalham com segurança pública, Steven Caton (2010, p. 173) chama de "poder improvisador" (*improvisatory power*). Essa expressão foi utilizada por Caton para descrever a ausência de regras do governo estadunidense para lidar com prisioneiros acusados de terrorismo, na penitenciária de Guantánamo. A discricionaridade dos soldados para improvisar técnicas de interrogatório ensejou múltiplas situações de tortura e abuso de poder. No entanto, no momento da responsabilização pelos atos cometidos com prisioneiros sob a tutela estatal, tais soldados eram tachados como meras maçãs podres que passaram dos limites por desvio pessoal de conduta, quando, em verdade, tais procedimentos eram indissociáveis da estrutura soberana exigida para o enfrentamento da excepcionalidade da "guerra ao terror". Nesse sentido, Caton explica:

> Para Max Weber, indivíduos inseridos em um processo burocrático seguem regras e executam tarefas preestabelecidas — na maioria das vezes, elas agem como subtarefas dentro de um programa de computador maior. A experiência de Abu Ghraib deixa claro que os indivíduos não precisam abrir

> mão de seus atributos humanos específicos para serem engrenagens — eles não precisam regredir ao *status* de máquinas. Em vez disso, o processo burocrático pode se apropriar dessa capacidade de julgamento, iniciativa e criatividade — pode operar por meio deles e utilizar toda a gama de suas capacidades. Ele pode mobilizar precisamente aquelas habilidades não algorítmicas que não podem ser reproduzidas por uma máquina — julgamento, iniciativa e criatividade. Isso tem implicações tanto para a situação moral que esses agentes enfrentam quanto para a modalidade foucaultiana de poder na qual eles participam[89] (tradução livre).

Essa noção de poder improvisador, ocasionado pelo desleixo de servidores que deixam de preencher dados aqui e acolá em documentos periciais, é, por si só, uma questão problemática quando pensada em contexto não intencional. No entanto, essas falhas cumprem o seu papel de forma mais evidente quando utilizadas de maneira estratégica e propositada para livrar uns e prender outros. Não se trata, aqui, de vilanizar os indivíduos que transgrediram os limites éticos e morais nas suas ações, mas de evidenciar que, na maioria das vezes, esses sujeitos são influenciados por crenças institucionais marcadas pelo racismo, pela discriminação de classe, pelo machismo e pela homofobia. Afinal, a escassez de regras para

89. CATON, Steven C. ZACKA, Bernardo Abu Ghraib, the security apparatus, and the performativity of power. American Ethnologist, vol. 37, n. 2, pp. 203–211, mai. 2010, p. 204. Trecho original: "For Max Weber, individual actors within a bureaucracy follow rules and execute prespecified tasks — for the most part, they act like subroutines within a larger computer pro- gram. Abu Ghraib makes plain that individual agents do not have to let go of their specific human attributes to be cogs — they do not have to devolve to the status of machines. Rather, the bureaucratic process can reappropriate their capacity for judgment, initiative, and creativity — it can operate through them and utilize the full range of their capabilities. It can mobilize precisely those nonalgorithmic skills that cannot be reproduced by a machine — judgment, initiative, and creativity. This has implications both for the moral situation situation that these agents face and for the Foucauldian modality of power within which they participate."

o fluxo de documentação, por exemplo, não é uma mera casualidade irrefletida. Tais práticas não podem ser lidas como falhas do sistema, e devem ser enxergadas como marcas estruturais de um sistema criminal feito para funcionar apenas para sujeitos determinados (Flauzina, 2006).

Aqui, é preciso destacar o caráter seletivo do sistema de justiça criminal, que tem no racismo um de seus fundamentos. Ana Flauzina trata do tema do seguinte modo:

> A forma como nosso sistema penal incide sobre os corpos está condicionada pela corporalidade negra, na negação de sua humanidade. Esse é o fator central de sua dinâmica. Disciplinado na violência do extermínio de uma massa subumana é esse o trato que o aparato policial está preparado a dar a quem for direcionado. Em outras palavras, o racismo deu o tom e os limites à violência empreendida pelo sistema penal e este a carrega consigo na direção de toda a clientela a que se dirige. O que estamos querendo salientar é que para além da discricionariedade que diferencia do tratamento entre negros e brancos pelo aparato policial e as demais agências de criminalização, é o racismo que controla seu potencial de intervenção física. Daí toda sua agressividade (Flauzina, 2006, p. 82).

Assim, o sistema penal delega aos seus agentes o poder de vida e morte sobre pessoas indesejadas, e o racismo dita os destinos neutralizadores escolhidos pelo sistema penal para as pessoas negras. As opções são: a exclusão social, o encarceramento e a morte, seja física seja social. A esse ato do Estado de facultar a seus agentes a maneira de agir em situações cotidianas que poderiam ser padronizadas, Steven Caton chama poder improvisador (Carton, 2010, p. 173).

Em resumo, o perito, quando faz um modelo padrão de resposta para casos de homicídios cometidos por disparo de arma de fogo, pressupõe que, independentemente da causa de morte, o laudo da vítima não precisa ser individualizado, elaborado ou detalhado. O destino dos corpos — que são, em maioria, negros — processados na burocracia da morte já foi selecionado pelo sistema penal.

Flávia Medeiros assevera que esses dispositivos de controle do corpo do outro, assim como a construção institucional de mortos nos órgãos periciais, permitem que o Estado tome para si a responsabilidade pela gestão da morte. Eles classificam quais mortes são relevantes, legítimas, merecedoras de comoção, investigação, esclarecimento e elucidação, e quais mortes podem ser normalizadas, invisibilizadas e, portanto, não esclarecidas (Medeiros, 2021).

Dito isso, podemos nos deter sobre o segundo quesito, que questiona: "Qual o instrumento ou meio empregado na produção da lesão ou lesões mortais?".

TABELA 3 — **Respostas do segundo quesito dos laudos cadavéricos**

VÍTIMA	2° QUAL O INSTRUMENTO OU MEIO EMPREGADO NA PRODUÇÃO DA LESÃO OU LESÕES MORTAIS?
Adriano de Souza Guimarães	Instrumento pérfuro-contundente
Agenor Vitalino dos Santos Neto	Pérfuro-contundente, projétil de arma de fogo
Bruno Pires do Nascimento	Instrumento pérfuro-contundente
Caíque Bastos dos Santos	Pérfuro-contundente, projéteis de arma de fogo
Evson Pereira dos Santos	Pérfuro-contundente
Jefferson Pereira dos Santos	Pérfuro-contundente, projétil de arma de fogo
João Luís Pereira Rodrigues	Instrumento pérfuro-contundente
Natanael de Jesus Costa	Instrumento de ação pérfuro-contundente
Ricardo Vilas Boas Silva	Instrumento pérfuro-contundente
Rodrigo Martins de Oliveira	Instrumento de ação pérfuro-contundente
Tiago Gomes das Virgens	Instrumento de ação pérfuro-contundente
Vitor Amorim de Araújo	Pérfuro-contundente

No caso da Chacina do Cabula, esse quesito é apenas uma tecnicalidade. Afinal, nem mesmo os policiais que dispararam contra os jovens mortos negaram qual o instrumento utilizado para matá-los. No entanto, a resposta se resume a dizer, em mediquês, a classificação da área de Traumatologia Forense, um ramo da Medicina Legal, e portanto não é acessível a todos os leitores, principalmente quando o conceito não é explicitado no laudo, como é o caso.

O ideal, para que o laudo se tornasse acessível, teria sido explicar que os instrumentos pérfuro-contundentes são aqueles que perfuram e contundem ao mesmo tempo, tendo como maior exemplo os projéteis de arma de fogo. Inicialmente, os tecidos atingidos por esses instrumentos são amassados e rompidos por ação de sua ponta. No entanto, as feridas produzidas apresentam bordas irregulares, com maior predomínio da profundidade sobre a superfície, e caráter penetrante ou transfixante.

Apesar da importância que a análise dos projéteis de armas de fogo teve no caso dos assassinatos da Vila Moisés, tratarei do assunto em outro tópico. Passemos então, à análise do terceiro e do quarto quesitos, que interrogam, respectivamente: "Houve emprego de veneno, fogo, explosivo, asfixia, tortura, ou outro meio insidioso ou cruel, ou de que tenha resultado perigo comum?" e "Houve emprego, pelo agente, de algum recurso que dificultou ou tornou impossível a defesa da vítima?".

TABELA 4 — **Respostas do terceiro quesito dos laudos cadavéricos**

VÍTIMA	3° HOUVE EMPREGO DE VENENO, FOGO, EXPLOSIVO, ASFIXIA, TORTURA, OU OUTRO MEIO INSIDIOSO OU CRUEL, OU DE QUE TENHA RESULTADO PERIGO COMUM?
Adriano de Souza Guimarães	O perito não tem elementos para resposta
Agenor Vitalino dos Santos Neto	O perito não tem elementos para afirmar ou negar
Bruno Pires do Nascimento	O perito não tem elementos para resposta
Caíque Bastos dos Santos	O perito não tem elementos para afirmar ou negar
Evson Pereira dos Santos	A perita não possui elementos para afirmar ou negar
Jefferson Pereira dos Santos	O perito não tem elementos para afirmar ou negar
João Luís Pereira Rodrigues	O perito não tem elementos para resposta
Natanael de Jesus Costa	O perito não tem elementos de convicção médico-legal para afirmar ou negar
Ricardo Vilas Boas Silva	O perito não tem elementos para resposta
Rodrigo Martins de Oliveira	O perito não tem elementos de convicção médico-legal para afirmar ou negar
Tiago Gomes das Virgens	O perito não tem elementos de convicção médico-legal para afirmar ou negar
Vitor Amorim de Araújo	A perita não possui elementos para afirmar ou negar

TABELA 5 — **Respostas do quarto quesito dos laudos cadavéricos**

VÍTIMA	4° HOUVE EMPREGO, PELO AGENTE, DE ALGUM RECURSO QUE DIFICULTOU OU TORNOU IMPOSSÍVEL A DEFESA DA VÍTIMA?
Adriano de Souza Guimarães	O perito não tem elementos para resposta
Agenor Vitalino dos Santos Neto	O perito não tem elementos para afirmar ou negar
Bruno Pires do Nascimento	O perito não tem elementos para resposta
Caíque Bastos dos Santos	O perito não tem elementos para afirmar ou negar
Evson Pereira dos Santos	A perita não possui elementos para afirmar ou negar
Jefferson Pereira dos Santos	O perito não tem elementos para afirmar ou negar
João Luís Pereira Rodrigues	O perito não tem elementos para resposta
Natanael de Jesus Costa	O perito não tem elementos de convicção médico-legal para afirmar ou negar
Ricardo Vilas Boas Silva	O perito não tem elementos para resposta
Rodrigo Martins de Oliveira	O perito não tem elementos de convicção médico-legal para afirmar ou negar
Tiago Gomes das Virgens	O perito não tem elementos de convicção médico-legal para afirmar ou negar
Vitor Amorim de Araújo	A perita não possui elementos para afirmar ou negar

Da análise das respostas elaboradas pelos diferentes peritos do Instituto Nina Rodrigues para os dois últimos quesitos, percebemos que é uma cultura institucional alegar a ausência de elementos para afirmar ou negar o que foi questionado nos quesitos oficiais. Afinal, todas as respostas foram prejudicadas a partir desse argumento de insuficiência de elementos. Fica evidente, aliás, que a alegada falta de informações advém, mais uma vez, da inércia dos órgãos periciais, que deveriam buscar a elucidação do caso e a verdade. Afinal de contas, os rastros deixados nos corpos das vítimas assassinadas permitem a suspeita da prática de tortura, de utilização de métodos cruéis e insidiosos, de impossibilidade de defesa, entre outras ilegalidades, conforme veremos. Dizer o contrário seria ir de encontro aos próprios fundamentos da medicina legal.

Bastaria ao perito solicitar ao delegado de polícia que complementasse as provas encaminhadas ao instituto para que preenchesse lacunas sobre a dinâmica do evento. Da mesma forma, ele poderia requerer elementos adicionais da unidade hospitalar por onde passaram os cadáveres e colher os relatórios e impressões dos profissionais que atenderam as vítimas. Outra possibilidade costumeira dos órgãos periciais seria solicitar mais informações dos outros órgãos de perícia que realizaram diligências no caso (Farias, 2020, p. 214), como o Instituto de Criminalística Afrânio Peixoto, que colheu provas no local do crime.

Em suma, prejudicar as respostas dos terceiro e quarto quesitos de maneira automática é fugir do dever legal de responder aos quesitos oficiais, deixando pairar dúvidas sobre o que pode e deve ser respondido. Perdem o contraditório, o direito de defesa, o processo penal e, principalmente, as vítimas. Sobre o tema, Juliana Farias adverte:

> Este tipo de produção do laudo cadavérico pode ser entendido, então, como um procedimento orientado por uma espécie de negativo da revelação, não porque esconde informações, mas porque revela a força de um indizível burocrático, porque explicita a intimidade do especialista com uma economia de

> palavras em um documento crucial para o prosseguimento de investigações, para o encaminhamento de acusações, para o tratamento jurídico/legal de violações e crimes de estado (Farias, 2020, p. 215).

A simples análise dos quesitos constantes — e ausentes — nos laudos revela que a lista de ausências nos exames cadavéricos continua a crescer, seja por respostas incompletas, seja por perguntas não realizadas (Farias, 2015, p. 215). Assim, ao longo desse trâmite burocrático de registro de morte, diversas informações são ignoradas e deixam de ser registradas no documento cabível pelo profissional capaz de fazê-lo, no único momento possível para tanto. Em outras palavras, as verdades escondidas nos corpos se mantêm invisíveis aos olhos dos não especialistas e são enterradas juntamente com os jovens assassinados.

Feridas, lesões, buracos e chagas

A medicina legal tem como seu maior fundamento a utilização dos conhecimentos médicos para orientar os julgadores a se posicionar de maneira assertiva em inquéritos e processos judiciais. Trata-se, portanto, de uma "ciência" experimental e dedutiva eminentemente jurídica, uma vez que as suas conclusões são utilizadas no contexto da justiça e se configuram enquanto probabilidades de acordo com a materialidade do caso analisado (França, 2017, p. 2).

Posto de outra maneira, a medicina legal é responsável por observar e documentar a palpabilidade dos vestígios de uma atividade de interesse do judiciário, para ajudar as autoridades judiciais e policiais a entender o que provavelmente aconteceu na situação investigada. No processo penal, os interesses estão voltados para a prática de crimes e contravenções. No caso estudado, que trata de crime de homicídio múltiplo praticado por policiais, a materialidade das mortes se apresenta de forma mais evidente nos corpos das vítimas em forma de feridas, buracos de bala e outros tipos de chagas. Neste tópico, apresento uma interpretação do que os laudos cadavéricos dizem e do que, a meu ver, poderiam ter explorado acerca das feridas encontradas nos corpos dos 12 jovens mortos na Chacina do Cabula.

Antes de tudo, é preciso travar uma discussão que pode parecer trivial, mas não é: o que é considerado uma ferida? Segundo o Protocolo de Cuidados de Feridas da cidade de Florianópolis, "Ferida é qualquer lesão que interrompa a continuidade da pele. Pode atingir a epiderme, a derme, tecido subcutâneo, fáscia muscular, chegando a expor estruturas profundas" (Florianópolis, 2007, p. 22). Segundo uma grande rede de hospitais particulares, "Feridas são lesões que podem ter diferentes tamanhos e surgir em pontos como a pele, as mucosas do corpo e até mesmo na camada superficial dos órgãos"[90].

Com essas definições alinhadas, podemos afirmar que foram contabilizadas e descritas nos laudos cadavéricos 147 feridas visíveis externamente, 72 orifícios de entrada de projéteis de arma de fogo, 6 marcas de tiros de raspão, 53 buracos de saída de projéteis de arma de fogo, 18 feridas causadas por balas alojadas, 11 focos de hemorragias, 76 transfixações de órgãos internos e 7.800 mililitros de sangue acumulado entre os pulmões e a parede torácica. Seria possível, também, quantificar inúmeros tipos de feridas, secreções e chagas elencados nos laudos periciais. Entretanto, esse detalhamento de feridas — também chamadas, ao longo dos documentos, de "escoriações" e "hematomas" —, apesar de importante para a compreensão da totalidade do evento criminoso, não é suficiente para entender as feridas abertas no caso estudado. Não desejo, aqui, me aprofundar na classificação médica de lesões. Afinal, as tantas tecnicalidades foram incapazes de abranger a totalidade e a

90. O QUE são feridas? Portal Rede Dor São Luiz, 2022. Disponível em: https://www.rededorsaoluiz.com.br/sintomas/feridas. Acesso em: 10 out. 2022.

profundidade das feridas que foram deixadas abertas na comunidade da Vila Moisés. Para que fique claro o que também entendo como "ferida", reproduzo o que narrou a irmã de uma das vítimas:

> É doloroso reviver tudo isso. Nada é como antes, a gente não é mais feliz. Tudo me lembra ele. E é muito revoltante saber que diariamente a polícia faz isso. Toda vez que a polícia mata alguém na comunidade, a gente revive tudo. A gente tenta esquecer, mas é impossível. A gente vive triste sabendo que a justiça não pode fazer nada. Quando vejo a Rondesp na rua, passo mal, porque acabo revivendo tudo (Wendel, 2020).

Voltemos aos ferimentos físicos perpetrados no dia 6 de fevereiro de 2015, na Chacina do Cabula. A primeira ferida a comentar já foi alvo de nossa atenção, porém, não está em nenhum dos laudos cadavéricos. Descrita no laudo pericial de lesões corporais como "ferida contusa superficial medindo 2,5 cm na região parietal esquerda"[91], o ferimento em questão foi o único encontrado em um dos policiais envolvidos na operação que deixou, ao menos, seis civis feridos e culminou na morte de mais doze jovens. Segundo a versão narrada pela polícia, a ferida superficial na pele do policial militar Dick Rocha de Jesus foi a única marca de um suposto confronto armado de 50 pessoas vestindo roupas camufladas contra a guarnição de nove policiais.

Quando ocorre um confronto armado entre policiais e civis, é esperado que o número de policiais mortos e feridos seja menor, graças ao treinamento, preparação física e equipamentos de segurança utilizados pelas forças policiais. No entanto, segundo estudos de Ignacio Cano, quando a proporção de letalidade ultrapassa a de 10 "opositores" mortos para um policial morto, está configurado o uso excessivo da força (Cano, 1997). Na Chacina do Cabula, foram 12 civis mortos e 6 gravemente

91. Laudo de Lesões Corporais do PM Dick Rocha de Jesus, p. 3775-3776.

feridos diante de apenas um policial superficialmente ferido. Para cada pessoa ferida, houve duas mortas, o que deixa evidente que os policiais privilegiaram a morte, ao invés da apuração, investigação ou até prisão dos alegados criminosos. A desproporcionalidade fala por si, tanto do uso inadequado e abusivo da força policial quanto da real quantidade de pessoas envolvidas em um suposto confronto armado, contrariando a narrativa da polícia. Afinal, se houvesse 50 pessoas armadas em ataque direto às guarnições policiais, é improvável que somente uma ferida superficial acometesse os agentes estatais.

Vejamos, então, o que os outros ferimentos podem nos esclarecer, levando em conta que nem sempre a prática de tortura e ação violenta da polícia passa por choques elétricos, pau de arara, arrancamento de unhas e outras que costumam vir à tona na memória brasileira após a Ditadura Militar. As práticas de suplício, que também podem ser psicológicas, são desenvolvidas no dia a dia, muitas vezes sendo improvisadas no momento da ação policial. Mesmo porque, quando sessões de tortura são realizadas nessas situações, os agentes da lei costumam justificá-las como ação de uso moderado da força policial para a legítima defesa, com a finalidade de enquadramento em "autos de resistência".

Mesmo que não seja possível afirmar, indubitavelmente, que houve tortura, as feridas do caso permitem levantar suspeitas de incoerência da narrativa de confronto e aproximam o caso a uma realidade de execução extrajudicial. De antemão, temos que 75% das vítimas mortas receberam quatro ou mais impactos de bala, com uma média de seis tiros por vítima fatal. Metade dos mortos na ocorrência receberam ao menos um tiro na cabeça, e 27 de 32 disparos cujo posicionamento pôde ser identificado no laudo foram feitos de cima para baixo.

Dado que a maioria dos homicídios decorrentes de oposição à intervenção policial são causados por perfurações de projéteis de armas de fogo, a presença de outras lesões além dos orifícios de bala indica a probabilidade da realização de espancamentos e imobilizações, entre outros atos de tortura ou crueldade física, antes das execuções. As imagens retiradas dos laudos da Chacina do Cabula demonstram que as vítimas, além de perfuradas por balas, já no chão, provavelmente foram agredidas e arrastadas. Nas palavras do Sobrevivente Jonathan, foi finalizado o serviço, "acabando de matá-los" [92].

É importante esclarecer que execramos a utilização da lembrança e da imagem das vítimas como forma de impactar o leitor por puro deleite despropositado, nos termos colocados por Saidiya Hartman (1997, p. 21), ou em uma exibição pelo espetáculo da violência. Não é o que fazemos aqui. Afinal, entendemos que trazer algumas imagens dos corpos dos jovens mortos retira esses corpos do lugar passivo de vítima, fazendo com que eles falem em contraposição ao silêncio que lhes foi imposto. Se, inicialmente, fomos eco às vozes dos sobreviventes, nada mais natural do que deixarmos agora que falem os corpos daqueles que padeceram.

---

92. Termos de Declaração dos Sobreviventes, p. 3895-3904.

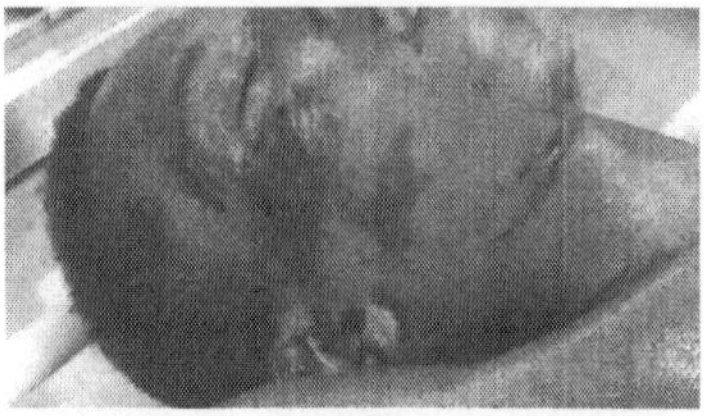

Feridas e escoriações da vítima Natanael de Jesus Costa[93].

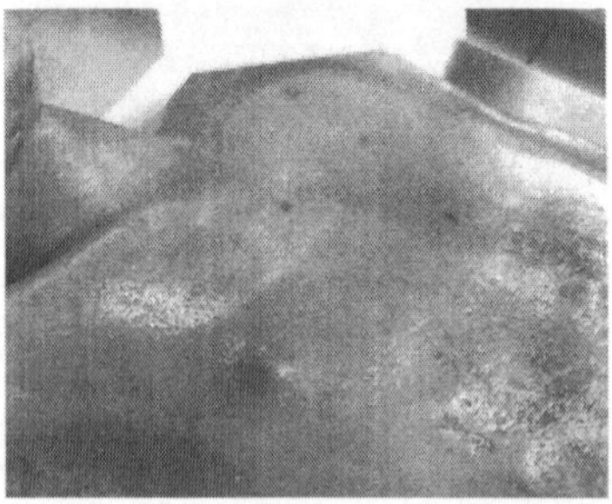

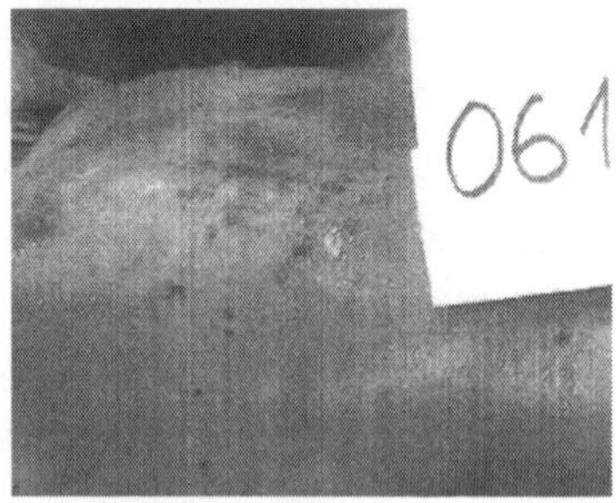

Feridas e escoriações da vítima Agenor Vitalino dos Santos Neto[94]

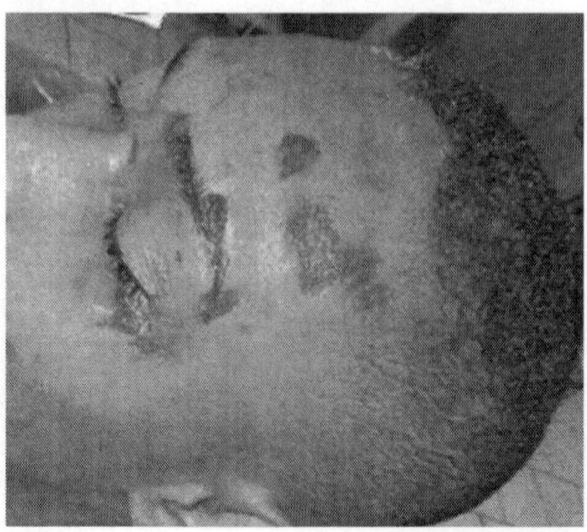

93. Imagens retiradas do Laudo Cadavérico de Natanael de Jesus Costa, p. 3642-3650.

94. Imagem retirada do Laudo Cadavérico de Agenor Vitalino dos Santos Neto, p. 3876.

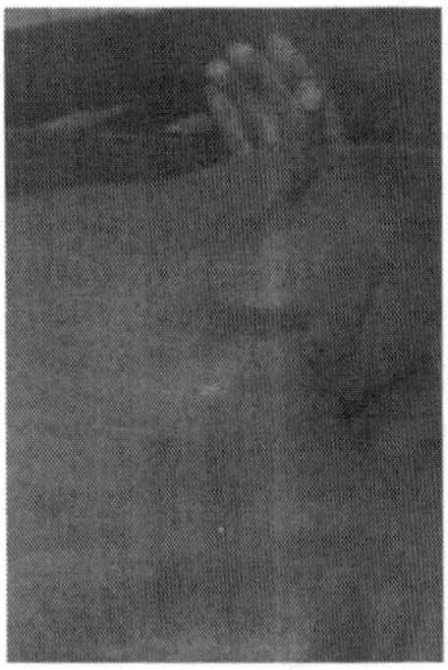
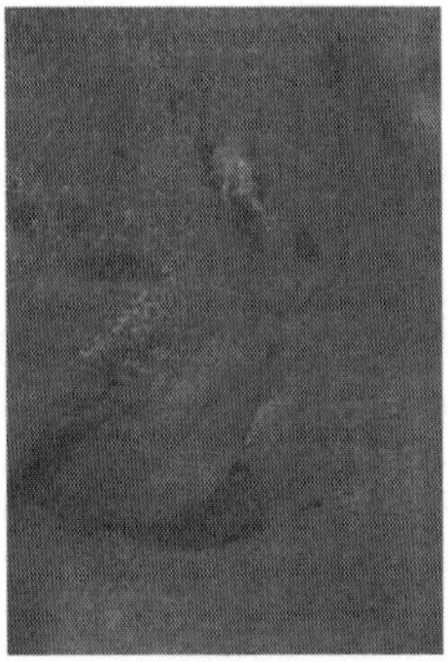

Feridas e escoriações da vítima Evson Pereira dos Santos [95].

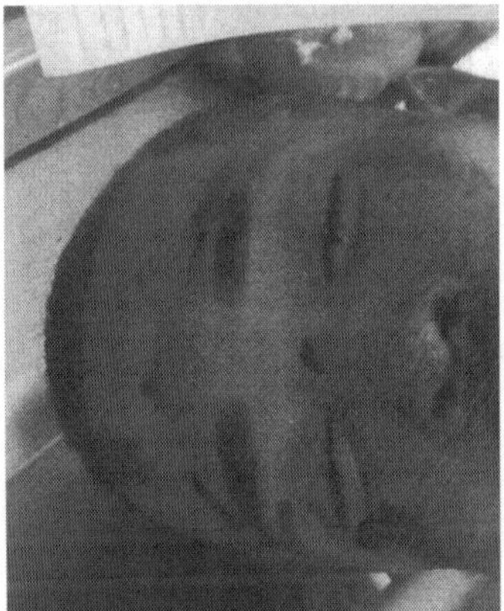

Feridas e escoriações da vítima Rodrigo Martins de Oliveira[96]

95. Imagens retiradas do Laudo Cadavérico de Evson Pereira dos Santos, p. 3777-3793.

96. Imagem retirada do Laudo Cadavérico de Rodrigo Martins de Oliveira, p. 3638.

Outros indícios que podem ser visualizados a partir das lesões é a prática de tortura através de disparos em locais do corpo considerados humilhantes, numa tentativa de castração de qualquer símbolo de poder e masculinidade das vítimas. Ferimentos causados por disparos na região do ânus, das nádegas, do pênis, dos testículos e da virilha podem ser observados em 13% das ocorrências de tiros no caso do Cabula, especificamente nos cadáveres das vítimas Jefferson Pereira dos Santos, Adriano de Souza Guimarães, Vitor Amorim de Araújo, João Luís Pereira Rodrigues e Evson Pereira dos Santos, o que afasta a alegação de mera coincidência.

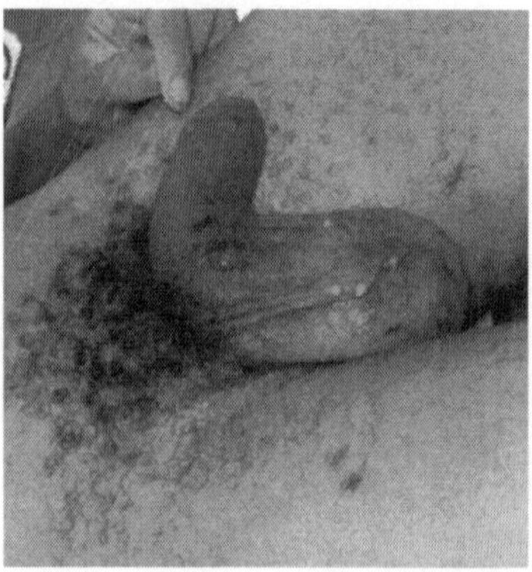

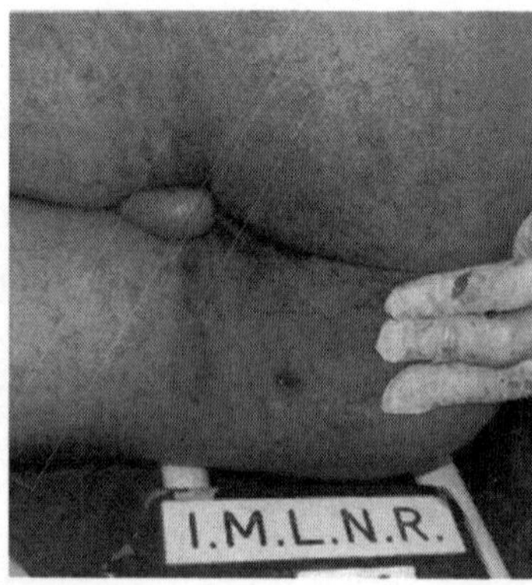

Feridas e escoriações da vítima Jefferson Pereira dos Santos[97]

Um disparo específico encontrado no cadáver de Evson Pereira dos Santos chama a atenção pelo uso explícito das lesões como forma de martirizar a vítima. Um orifício de entrada de projétil de arma de fogo

97. Imagem retirada do Laudo Cadavérico de Jefferson Pereira dos Santos, p. 3837-3853.

faz composição com a tatuagem de Evson: o tiro foi desferido exatamente na testa do Jesus Cristo desenhado em suas costas. Além disso, o modo como o sangue fluiu do ferimento e secou, marcando o corpo da vítima, indica que Evson estava deitado de bruços, já no chão, quando o disparo foi realizado.

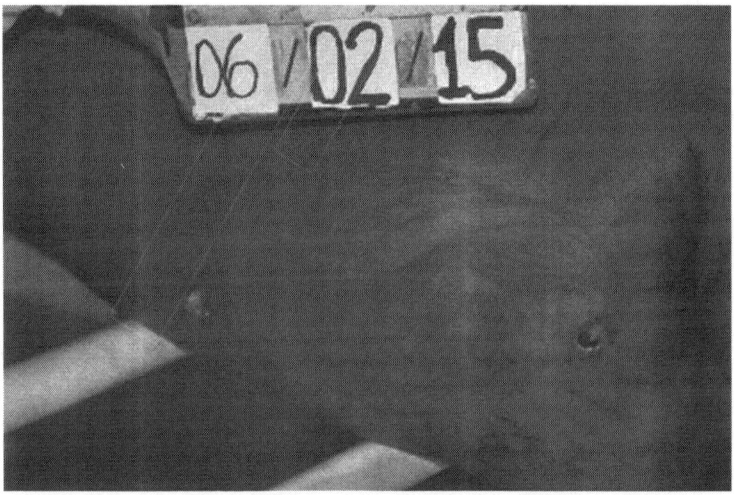

Ferida da vítima Evson Pereira dos Santos[98]

Levando em consideração que a Polícia Militar do Estado da Bahia produziu uma cartilha institucional acerca das tatuagens de pessoas periféricas e de seus significados dentro do "mundo do crime", não seria fantasioso afirmar que a vítima Evson dos Santos, pelo simples fato de

98. Imagem retirada do Laudo Cadavérico de Evson Pereira dos Santos, p. 3777-3793.

ter uma tatuagem de Jesus Cristo, representava para aqueles policiais um homicida. Na lógica vigilantista de quem produz justiçamentos[99], Evson merecia morrer. Afinal, a mencionada cartilha aponta que "a maioria dos presos acusados de praticar homicídio possuem em comum as tatuagens abaixo relacionadas: Chuck, índia, a morte, Jesus, caveira com punhal cravado, palhaço/coringa, cruz, diabo e N.S." (Silva, 2011, p. 12). A cartilha vai além, fazendo a leitura semiótica da imagem de Jesus Cristo como símbolo da criminalidade:

> O uso desta tatuagem como símbolo criminal foi primeiramente utilizado pelos criminosos russos que utilizam a imagem de Jesus para indicar que o possuidor desde muito cedo tem uma vida dedicada ao crime e também para informar que o portador da tatuagem foi condenado pelos homens, assim como Jesus também o foi. Aqui no Brasil um grande número de indivíduos envolvidos na pratica de crimes a utilizam para identificar o praticante de homicídio ou mesmo latrocínio. A depender da posição onde for encontrada apresenta significados diferentes. Nos braços, perna, e peito refere-se a latrocínio (roubo seguido de morte) e proteção quando utilizada nas Costas. Pode vir tatuado como uma imagem de Jesus ou somente com a palavra "Jesus" ou até mesmo somente suas iniciais (Silva, 2011, p. 12).

99. Ana Flauzina e Thula Pires fazem um contraponto das violências perpetradas entre pessoas negras, policiais e "bandidos", trazendo o outro lado da engrenagem do sistema de justiça que permite e incentiva que as violências continuem para perpetrar os genocídios. No processo que as autoras denominam justiçamento, para além de anistiar policiais que matam, os agentes do Judiciário atuam ativamente na aplicação de penas rígidas e desproporcionais aos negros, além de ajudar a criar as condições para o sufocamento das periferias e a consequente instalação de ambientes belicosos nesses territórios, perpetuando o genocídio. Ver mais em: FLAUZINA, Ana. PIRES, Thula. Roteiros Previsíveis: Racismo e Justiçamentos no Brasil. Boletim Revista do Instituto Baiano de Direito Processual Penal, Salvador, ano 3, nº 08, p. 9-10. abr. 2020.

Não se pode deixar de acrescentar que muitas das vítimas apresentam lesões indicativas de que foram atingidas quando já rendidas. As vítimas Agenor Vitalino dos Santos Neto, João Luís Pereira Rodrigues e Ricardo Vilas Boas Silva, por exemplo, apresentam orifícios de entrada de bala na região da axila: provavelmente, estavam com as mãos para cima, em clássica posição de rendimento, quando foram atingidas.

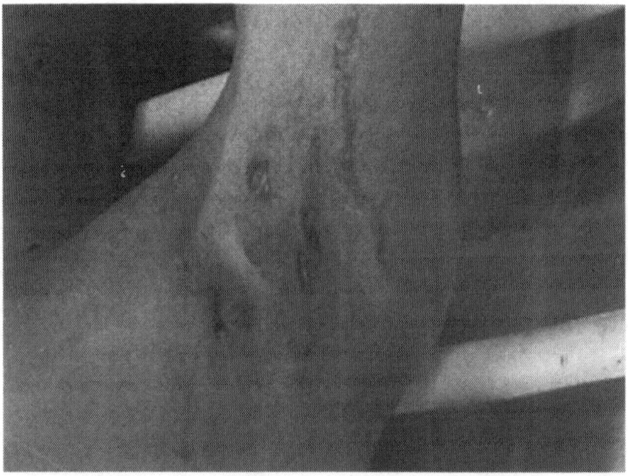

Feridas e escoriações da vítima João Luis Pereira Rodrigues[100]

De maneira igualmente alarmante, diversas das vítimas foram encontradas com lesões entendidas pela medicina legal como lesões de defesa. Segundo Genival França, os ferimentos de defesa indicam que a vítima estava consciente e, tendo sido apanhada de surpresa, fez movimentos voluntários ou involuntários para tentar se proteger de perigo iminente.

100. Laudo Cadavérico de João Luis Pereira Rodrigues, p. 3727-3743.

Tais lesões são comumente encontradas na palma da mão, nos antebraços, no ombro ou no dorso das costas (França, 2017, p. 118). No caso específico da Chacina do Cabula, 20% das lesões encontradas nas vítimas mortas têm essas características. As lesões de defesa ficam evidentes nos laudos cadavéricos examinados, que mostram que as vítimas estavam com os braços flexionados, protegendo-se, quando foram atingidas. Ou entre os dedos, como se tentassem frear a ação antes de ser alvejado.

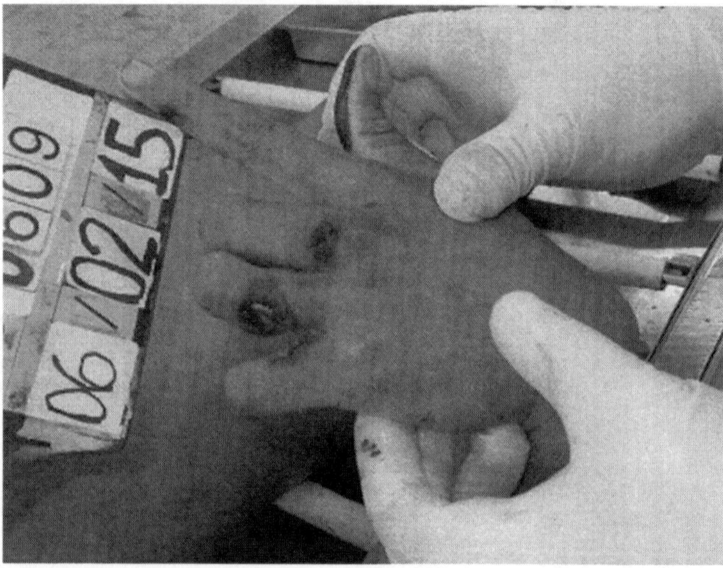

Feridas e escoriações da vítima Jefferson Pereira dos Santos [101]

101. Imagem retirada do Laudo Cadavérico de Jefferson Pereira dos Santos, p. 3837-3853.

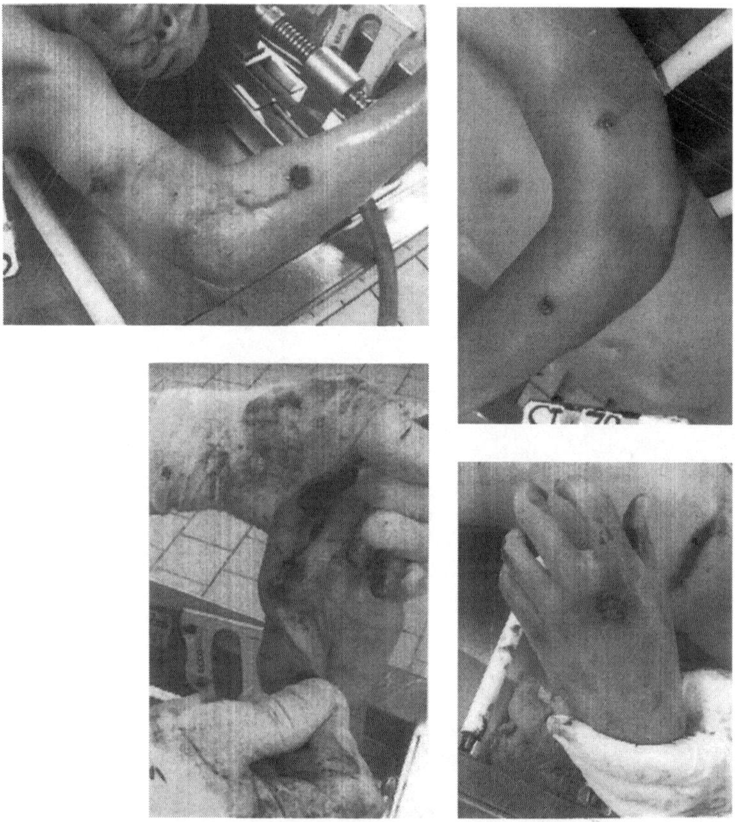

Feridas e escoriações da vítima Bruno Pires do Nascimento[102]

Por fim, outro indício importante verificável a partir das lesões é a presença de diferença de tiros na frente e nas costas da mesma vítima. No jargão policial, esses tiros são conhecidos como disparos de confirmação:

102. Imagem retirada do Laudo Cadavérico de Jefferson Pereira dos Santos, p. 3752.

a pessoa já atingida com tiros em uma direção recebe, após a queda ocasionada pelo impacto do projétil, mais tiros na direção inversa, para confirmar a morte. No caso do Cabula, 67% das vítimas apresentavam diferença de tiros recebidos pela frente e pelas costas. As únicas exceções foram os jovens Agenor Rodrigo Martins de Oliveira e Rodrigo Martins de Oliveira, que já haviam recebido tiros certeiros que atravessaram a cabeça; Ricardo Vilas Boas Silva, que também recebeu um tiro fatal na região da nuca; e Tiago Gomes das Virgens, o único morto que não foi encontrado pelos policiais militares por estar embrenhado na mata, sendo o seu cadáver encontrado pela perícia técnica ao amanhecer.

Assim, diante de tantos indícios de execução sumária deixados nos corpos das vítimas da Chacina do Cabula em forma de feridas, fica difícil pressupor outro motivo para o silêncio de todos os laudos cadavéricos quanto às conclusões e respostas para os terceiros e quartos quesitos que não uma condescendência com as práticas de extermínio. Afinal, após encarar as feridas abertas da chacina, o que impede os peritos de afirmar que houve tortura ou outro meio insidioso ou cruel, ou de que tenha resultado perigo comum? Ou que houve emprego, pelo agente, de algum recurso que dificultou ou tornou impossível a defesa da vítima? São perguntas que ficam em aberto, mas que respondem, ainda que tacitamente, para quem servem as perícias.

Conversar com a bala

Além dos exames do local, das necrópsias das vítimas fatais e dos laudos de lesões corporais dos policiais e sobreviventes da Chacina do Cabula, outra parte importante dos laudos periciais pode nos fornecer detalhes valorosos para chegar às verdades sobre o que se passou na madrugada de 6 de fevereiro de 2015. Os armamentos, projéteis e cartuchos utilizados no dia foram periciados, gerando, então, a necessidade de conversar com as balas que atingiram as vítimas.

A balística forense é o estudo mais aprofundado das armas de fogo e munições. A matéria é didaticamente dividida em balística interna ou interior, que trata do funcionamento do mecanismo da arma de fogo e de todas as etapas para a realização de disparo; balística externa, que aborda a trajetória do projétil ao ser expelido; e, por fim, a balística terminal ou de efeito, que estuda efeitos causados no alvo, como perfurações, lesões externas e internas *etc.* (Rabello, 1995, p. 27). Assim, apesar de este livro ter voltado sua atenção aos exames periciais produzidos pelo IML, é hora de abordar o exame de balística interna, produzido pelo Instituto de Criminalística Afrânio Peixoto. Trata-se de um ponto indispensável para o entendimento mínimo do caso, dado que 19 projéteis de arma de fogo foram encontrados alojados nos corpos das vítimas e encaminhados do IML para o ICAP, para realização de análise balística.

No capítulo anterior, discuti a possível presença de resíduos de disparo de arma de fogo nas mãos de apenas quatro dos doze jovens mortos. Também discorri acerca da escolha institucional do Departamento de Polícia Técnica do Estado da Bahia de não mais realizar exames de recenticidade de disparo de arma de fogo, de maneira que não podemos saber quantas das armas supostamente apreendidas com as vítimas foram realmente disparadas no decorrer dos eventos da Chacina. Abordei, ao longo do presente tópico, as feridas e lesões de entrada e saída de projéteis de arma de fogo nas vítimas. Todo esse conteúdo foi retirado dos exames balísticos.

Antes de mais nada, é necessário pontuar que, da operação que veio a ficar conhecida como Chacina do Cabula, 32 armas de fogo foram apreendidas, além de dois simulacros de arma de fogo. Do que consta nos laudos periciais, os policiais portavam sete submetralhadoras e oito pistolas semiautomáticas, todas da marca Taurus e de calibre .40, que são os modelos utilizados pela Polícia Militar no Estado da Bahia. O restante das armas, segundo o relato dos policiais, foi apreendido em "posse das vítimas". Assim, de modo genérico, sem especificar qual arma estava com que vítima[103], o que fere absolutamente as regras de uma cadeia de custódia. A única exceção foi para uma das armas, que informaram ter sido localizada nas proximidades do local em que o cadáver de Tiago Gomes das Virgens foi encontrado[104].

É importante destacar, também, que a maioria das armas modernas contam com a presença de raias, que são sulcos e protuberâncias na parte interna do cano (alma), e dão origem a um determinado número de ressaltos e cavados que são gravados nos projéteis quando estes são disparados. Cada arma tem as suas raias, de forma a se diferenciar de todas as outras, inclusive as de mesmas marca e lote. É como se fosse uma "impressão digital" das armas, impedindo que existam "armas gêmeas". Assim, cada projétil que sai de uma arma de fogo fica marcado para sempre de modo inconfundível, podendo ser periciado para saber de qual arma saiu (Rabello, 1995, p. 30).

Levando em consideração que todas as armas oficialmente utilizadas como instrumentos de trabalho pela Polícia Militar da Bahia têm almas raiadas (Bahia, 2005), é possível afirmar que todos os projéteis disparados naquela noite pelos policiais foram marcados pelas armas de quem os disparou. Ou seja, todos os 88 tiros que atingiram as vítimas poderiam ter sido rastreados. Vejamos como esses tiros foram distribuídos entre as vítimas:

---

103. Laudos de Balística Forense ICAP nº 2015 003815 01, p. 4161-4169 e ICAP nº 2015 003360 01, p. 4600-4604.

104. Laudos de Balística Forense ICAP nº 2015 003348 01 01, p. 4107-4108.

TABELA 6 — **Quantidade de disparos em cada vítima**

VÍTIMA	TIROS
Adriano de Souza Guimarães	Atingido por 11 disparos
Agenor Vitalino dos Santos Neto	Atingido por 4 disparos
Bruno Pires do Nascimento	Atingido por 8 disparos
Caíque Bastos dos Santos	Atingido por 6 disparos
Evson Pereira dos Santos	Atingido por 4 disparos
Jefferson Pereira dos Santos	Atingido por 8 disparos
João Luís Pereira Rodrigues	Atingido por 8 disparos
Natanael de Jesus Costa	Atingido por 3 disparos
Ricardo Vilas Boas Silva	Atingido por 3 disparos
Rodrigo Martins de Oliveira	Atingido por 1 disparo
Sobrevivente Caio	Atingido por 2 disparos
Sobrevivente Ícaro	Atingido por 1 disparos
Sobrevivente Jonathan	Atingido por 2 disparos
Sobrevivente Jorge	Atingido por 4 disparos
Sobrevivente Mateus	Atingido por 7 disparos
Sobrevivente Rafael	Atingido por 2 disparos
Tiago Gomes das Virgens	Atingido por 6 disparos
Vitor Amorim de Araújo	Atingido por 8 disparos

No entanto, como o local do crime foi desfeito pelo forjamento de socorro às vítimas e, posteriormente, contaminado, inclusive com denúncias de que profissionais da imprensa recolheram cápsulas e projéteis antes da perícia, nem todos os tiros passaram por exame de microcomparação balística, apenas os que estavam "guardados" dentro das vítimas. Em decorrência disso, os peritos do Instituto Afrânio Peixoto conseguiram identificar a autoria de apenas 17 dos 88 disparos[105]. Vejamos uma tabela com as informações extraídas dos laudos:

TABELA 7 — **Identificação dos projéteis encontrados nas vítimas mortas e dos respectivos possuidores das armas que os dispararam**

POSSE DA ARMA	DISPAROS	ARMA DISPARADA	VÍTIMA
Supostamente encontrada com uma das vítimas	Ao menos 1 disparo	Revólver Taurus .38 SPL (Nº Série N4444488 Adulterado)	Natanael de Jesus Costa
Supostamente encontrada com uma das vítimas	Ao menos 1 disparo	Pistola Semiautomática Taurus PT 145 .45 ACP (Nº Série suprimido/raspado)	Vitor Amorim de Araújo
SGT/PM Robermar Campos de Oliveira	Ao menos 4 disparos	Pistola Semiautomática Taurus PT100 AF-D .40 S&W (Nº Série SFX29752)	Adriano Souza Guimarães
SUB TEN/PM Júlio Cesar Lopes Pitta	Ao menos 2 disparos	Submetralhadora Taurus SMT40 .40 S&W (Nº Série EX03259)	Agenor Vitalino dos Santos
	Ao menos 1 disparo		Caíque Bastos dos Santos
	Ao menos 1 disparo		Evson Pereira dos Santos
	Ao menos 1 disparo		João Luis Pereira Rodrigues
	Ao menos 1 disparo		Vitor Amorim de Araújo

105. Laudos de Balística Forense ICAP nº 2015 007180 01, p. 4149-4160 e ICAP nº 2015 007699 01, p. 4170-4188.

TABELA 7 — **Identificação dos projéteis encontrados nas vítimas mortas e dos respectivos possuidores das armas que os dispararam** (CONT.)

POSSE DA ARMA	DISPAROS	ARMA DISPARADA	VÍTIMA
SD/PM Lázaro Alexandre Pereira de Andrade	Ao menos 1 disparo	Submetralhadora Taurus SMT40 .40 S&W (Nº Série FS0266)	Adriano Souza Guimarães
	Ao menos 1 disparo		Jefferson Pereira dos Santos
	Ao menos 1 disparo		Ricardo Vilas Boas Silva
	Ao menos 1 disparo		Tiago Gomes das Virgens
SD/PM Sandoval Soares Silva	Ao menos 1 disparo	Submetralhadora Taurus MT40 .40 S&W (Nº Série YL09533)	Tiago Gomes das Virgens
SD/PM Isac Eber Costa Carvalho de Jesus	Ao menos 2 disparos	Pistola Semiautomática Taurus PT840 .40 S&W (Nº Série SDY94487)	Caíque Bastos dos Santos

Ou seja, após a análise dos laudos de microcomparação balística, pode-se afirmar com convicção que os policiais Robermar, Júlio Cesar, Lázaro, Sandoval e Isac atingiram, 17 vezes, nove das doze vítimas fatais[106]. Apesar de essa certeza ser relevante para desvendar as verdades do caso, é preciso ter em mente que, por ocuparem cargos de agentes de segurança com obrigação legal de cuidado, proteção ou vigilância — cargos que, no *juridiquês,* são chamados de garantes ou garantidores

106. Laudos de Balística Forense ICAP nº 2015 007180 01, p. 4149-4160 e ICAP nº 2015 007699 01 p. 4170-4188.

—, todos os policiais participantes da operação, tendo atirado ou não, são autores da morte de todas as vítimas, pois não só poderiam como tinham o dever de agir para evitar a chacina, conforme prevê o artigo 29 do Código Penal Brasileiro.

Ainda segundo os laudos balísticos, das outras 17 armas que, segundo a versão da polícia, foram encontradas em posse das vítimas, apenas duas foram identificadas como armas que dispararam projéteis em vítimas da operação — especificamente, as de Natanael de Jesus Costa e Vitor Amorim de Araújo[107]. No entanto, essa quantidade de armas é estranhamente desproporcional ao número de vítimas encontradas com vestígios de pólvora nas mãos — quatro, apenas. A perícia indicou que todas as armas estavam aptas a efetuar disparos, embora as descreva como enferrujadas, desgastadas e danificadas. Da mesma forma, o poder de fogo de 17 armas contrasta com a única ferida, de raspão, sofrida por um agente de segurança naquela madrugada, o que nos faz levantar suspeitas quanto às alegações policiais em relação ao confronto.

Assim, como a cadeia de custódia foi completamente desrespeitada, não é possível confirmar a versão policial de que essas armas estavam em poder das vítimas ou de que foram disparadas por alguma delas. Vale lembrar que os estudos realizados em casos de homicídio decorrente de oposição à intervenção policial indicam que policiais costumam forjar provas que corroborem a narrativa de incriminação das vítimas, chegando a plantar armas e drogas nas apreensões ou a apresentar à perícia de balística uma arma que não esteve, de fato, em posse da pessoa assassinada (Misse; Grillo; Teixeira; Neri, 2011, p. 53). De tão corriqueira, a prática é conhecida como "kit bandido", "kit flagrante" ou, simplesmente, "kit" (Naidin, 2020, p. 12).

Mediante tudo o que foi exposto, a partir apenas da análise pericial dos laudos da Chacina do Cabula, é possível identificar inúmeros

107. Laudos de Balística Forense ICAP nº 2015 007180 01, p. 4149-4160.

elementos que parecem convergir para a conclusão de que as vítimas foram executadas, ou ao menos surgem dúvidas suficientes para levar a cabo o julgamento dos policiais perante o Tribunal do Júri.

Com quantas provas se condena um cidadão?

As investigações inquisitoriais da Chacina do Cabula terminaram no dia 27 de junho de 2015. O robusto inquérito policial da Polícia Civil foi, finalmente, enviado ao Ministério Público, com 2455 páginas, contendo 59 laudos periciais, dentre eles, laudos cadavéricos, laudos de lesões corporais, laudos de microcomparação balística de projéteis extraídos das vítimas, laudos balísticos das armas, laudo balístico das munições, laudos de local de crime, laudo pericial de engenharia descrevendo as trajetórias nos imóveis atingidos, laudo de exame descritivo das mochilas apreendidas, laudo de explosivos, laudos complementares, laudo de constatação de drogas, laudos informáticos e de computação, laudos de celulares vistoriados, laudos toxicológicos, laudos de identificação e laudo de análise sanguínea. Diante de tantos laudos, é evidente que muitos peritos e especialistas deram seus pareceres sobre o episódio da Chacina do Cabula.

E essa não foi a única averiguação oficial produzida. A Polícia Militar e o Ministério Público produziram inquéritos próprios sobre o ocorrido no dia 6 de fevereiro de 2015 na Vila Moisés. O inquérito da Polícia Militar juntou documentos do histórico profissional dos acusados. Já o Ministério Público colheu o depoimento de dezenas de moradores da comunidade, de testemunhas do fato, de familiares das vítimas e até dos sobreviventes. Podemos concluir que, apesar das críticas à qualidade da produção e do conteúdo do conjunto probatório, não se pode afirmar que não existiam provas acerca da chacina. Desde o princípio, o crime ocorrido na Vila Moisés era um ponto fora da curva em relação aos outros homicídios decorrentes de oposição à intervenção policial em muitos aspectos, e a massiva quantidade de provas periciais é uma dessas diferenças.

Concluso o inquérito, finalmente todas essas provas haviam sido encaminhadas ao Ministério Público, órgão responsável pelo controle externo da atividade policial e titular das ações penais públicas, para decisão sobre o destino das investigações. O histórico e as estatísticas sobre casos semelhantes não eram animadores, considerando que a maior parte dos inquéritos policiais de homicídios decorrentes de intervenção à oposição policial são encaminhados ao Judiciário com pedidos de arquivamento (Misse; Grillo; Teixeira; Neri, 2011, p. 65; Ferreira, 2019). No entanto, contrariando as probabilidades, foi oferecida denúncia por parte do órgão ministerial.

Assim, no dia 18 de maio de 2015, 101 dias após a ocorrência da Chacina, os nove policiais envolvidos no evento criminoso foram acusados de homicídio e tentativa de homicídio triplamente qualificados por uma peça processual robusta. As alegações feitas se basearam, em sua maioria, no conteúdo dos laudos periciais produzidos pelo Departamento de Polícia Técnica e nos depoimentos colhidos em procedimento investigatório criminal pelo próprio Ministério Público. O órgão ministerial contrapôs os depoimentos dos sobreviventes às perícias realizadas, de modo a desviar-se da narrativa policial e aproximar-se de uma versão heterogênea, que mistura narrativas. Vejamos:

> Os denunciados deflagaram disparos contra [os sobreviventes], atingindo-os e ferindo-os, só não os matando por circunstâncias alheias à vontade dos agentes, certamente acreditando que viriam a óbito, dada a aparente gravidade e a sede das lesões, que se constata pelo teor dos depoimentos das vítimas, bem como, pelos Laudos de Exame de Lesões Corporais de folhas 1422 e 1391, além de outros que serão acostados oportunamente, tão logo o Instituto Médico Legal encaminha a este Juízo[108].

---

108. Denúncia, p. 1044.

[...]

A isto se soma a circunstância, bastante elucidativa, de que grande parte dos ferimentos causados nas vítimas o foi, com a característica clara de execução, ou seja: tiros deflagrados de trás para diante e cima para baixo, além de várias de cunho "defensivo", pois quase todas apresentavam ferimentos nos braços, inclusive uma que tinha ferimentos em ambas as mãos, tudo isso devidamente provado e comprovado através da leitura dos Laudos de Exame Cadavérico e Lesões Corporais inclusos[109].

[...]

Ressalve-se que, o achado de resíduos metálicos nas mãos de quatro vítimas — Tiago, Caique, Jefferson e João Luis — e a suposição de que cápsulas deflagradas encontradas nas armas apreendidas, o tenham sido na ocasião dos homicídios ora relatados, não tem o condão de infirmar a convicção de que a ação criminosa dos Policiais da Rondesp foi desencadeada primeiro[110].

O documento da denúncia possui 26 páginas[111], com um relato minucioso dos indícios e provas coletados durante o inquérito policial, além de requerer a imediata prisão preventiva dos policiais militares. A título de comparação, as denúncias de casos corriqueiros que levam jovens negros comuns ao encarceramento forçado têm algo em torno de duas ou três páginas. A peça processual que acusou os Sobreviventes

---

109. Denúncia, p. 1050.

110. Denúncia, p. 1051.

111. Denúncia, p. 1041-1066. Incluso o documento da Cota Ministerial. Esse documento é um anexo à petição de Denúncia pela qual o membro do Ministério Público se manifesta no processo e faz requisitos simples, como pedido de juntada de antecedentes criminais, documentos diversos e indicação de testemunhas. É como se fosse um recado da Promotoria para o Juízo.

da Chacina do Cabula de serem traficantes de drogas[112], por exemplo, tem três páginas e baseia-se exclusivamente em depoimentos dos policiais e um laudo pericial que atesta que a droga supostamente apreendida com os sobreviventes é, de fato, droga.

Esse rigor e meticulosidade utilizados no caso da Chacina do Cabula dizem muito sobre quantas provas são necessárias para que se ouse ultrapassar a linha de denunciar um cidadão que defende os interesses da branquitude e quantas provas são utilizadas corriqueiramente para denunciar alguém que, na prática, é um não cidadão. Há um abismo entre a robusteza do conjunto probatório dos dois casos. E esse é o ponto que mais importa para entender o caso da Chacina do Cabula: as informações e as verdades que se pode obter através dos laudos periciais produzidos pelo IML são capazes de superar a imunização dada pela branquitude aos agentes de segurança que matam? Vejamos.

Já discutimos que os moradores de zonas periféricas, que no Brasil são majoritariamente negros, são relegados à zona do não-ser, têm a sua existência desprovida de poder político, sendo reduzidos a um corpo biológico (Mbembe, 2018, p. 8). Em outras palavras, o morador da periferia é um ser humano sem cidadania, que sobrevive sem gozar de direitos e serviços do Estado, apesar de conservar as obrigações e os deveres. É um ser matável que vive em um local onde tudo pode ser feito em nome da manutenção do *status quo*. Por isso, as forças policiais, que foram criadas para proteção e manutenção das elites, são autorizadas e incentivadas a agir com violência nas zonas periféricas (Mbembe, 2018, p. 8). No dizer de Achille Mbembe:

112. Conforme dito anteriormente, o caso da Chacina do Cabula também é um caso de tráfico de drogas, afinal, os sobreviventes Rafael, Mateus, Ícaro e o menor Caio foram acusados de traficância de entorpecentes. O referido processo correu na 3ª Vara de Tóxicos da Comarca de Salvador/BA e foi tombado sob o nº 0510821-66.2015.8.05.0001.

> O direito soberano de matar não está sujeito a qualquer regra nas colônias. Lá, o soberano pode matar a qualquer momento ou de qualquer maneira. A guerra colonial não está sujeita a normas legais e institucionais. Não é uma atividade codificada legalmente. Em vez disso, o terror colonial se entrelaça constantemente com um imaginário colonialista, caracterizado por terras selvagens, morte e ficções que criam o efeito de verdade (Mbembe, 2018, p. 36).

Apesar de grande parte dos membros das forças policiais pertencer aos grupos de não-cidadãos, não-seres e não-humanos, eles devem ser tomados como membros de uma instituição que defende interesses hegemônicos. Desse modo, mesmo sendo negras as pessoas que arriscam as próprias vidas para agir com violência nas zonas periféricas, elas acabam recebendo um salvo-conduto para agir em nome dos verdadeiros detentores do poder, atuando em nome da branquitude e em defesa dos interesses dela (Freitas; Flauzina, p. 2020). E, muitas vezes, são recompensadas por se prestar a isso.

Voltemos ao relato processual dos autos do Cabula. Após o infrequente oferecimento da denúncia por parte do Ministério Público contra policiais que atuaram em "resistência", o juiz titular do 1º Juízo da 2ª Vara do Tribunal do Júri da Comarca de Salvador/BA, Vilebaldo José de Freitas Pereira, proferiu despacho no dia 26 de maio de 2015. Nele, o magistrado recebe a denúncia, ordena a intimação dos policiais militares e adia a decisão quanto à prisão dos acusados, afirmando que "devido à complexidade que envolve o processo, as medidas cautelares serão analisadas no curso da instrução criminal"[113]. No dia seguinte, o juiz autoriza a realização de reprodução simulada e a habilitação dos assistentes técnicos para reanalisar as perícias em nome das partes[114]. As movimentações seguintes

---

113. Despacho de Recebimento da Denúncia, p. 7258.

114. Despacho da Reprodução Simulada e Assistente Técnico, p. 7259.

englobaram emissão de intimações, ofícios e outras documentações ordinárias realizadas pelo Cartório ou Secretaria da Vara.

O subsequente pronunciamento do juiz nos autos aconteceu após a juntada de petição do Ministério Público — a que não obtivemos acesso. No entanto, o seu conteúdo fez com que o juiz titular se manifestasse da seguinte maneira:

DESPACHO

Processo nº:	**0314066-69.2015.8.05.0001**
Classe – Assunto:	**Ação Penal de Competência do Júri - Homicídio Qualificado**
Autor:	**'"Ministério Público do Estado da Bahia**
Réu:	**Julio Cesar Lopes Pitta e outros**

1. R.H.
2. O Promotor signatário da petição de fls. 2.541 a 2.542, deve ater-se ao respeito e a ética no tratamento com este Magistrado, que sempre costumou lhe trata bem e não confundi-lo com subordinado.

   A presidência do processo e os cuidados que sempre tive e tenho com o manejo da lei, atendidas as exigências legais, vão permanecer como sempre, visando a garantia jurídica de todos, indistintamente.
3. Atento a tudo, frente a complexidade estampada nos autos (a disputa nos jornais, a mídia) destaco, pela primeira vez, nesta Juízo, opiniões bem conflitantes entre o MP, a Polícia Militar e a Polícia Civil (Secretaria de Segurança Pública), razão da necessidade de extrema sensatez, mas lamentando a discórdia, o que não é positivo para a Sociedade.

   O Cartório já anotou prazo final deferido à Polícia Civil, que, salvo engano (28.06.2015), também não se subordina a outra instituição, devendo todos nós buscar o cumprimento da lei e os ideais de Justiça. Juntos, sim, conseguiremos, no seu tempo, todos os nossos ideais, na luta pelo bem!
4. Oficie-se à Autoridade Policial para conhecimento da petição do MP e deste despacho, inclusive ao Diretor Geral – DPT (fls. 2.543).
5. Comunicações e intimações necessárias.

Salvador (BA), 08 de junho de 2015.

Vilebaldo José de Freitas Pereira
Juiz de Direito

Despacho Judicial "opiniões conflitantes", p. 7274.

Transcrevo abaixo trecho central para nossa análise:

> 3. Atento a tudo, frente a complexidade estampada nos autos (a disputa nos jornais, a mídia) destaco, pela primeira vez, nesta Juízo, opiniões bem conflitantes entre o MP, a Polícia Militar e a Polícia Civil (Secretaria de Segurança Pública), razão da necessidade de extrema sensatez, mas lamentando a discórdia, o que não é positivo para a Sociedade.
>
> O Cartório já anotou prazo final deferido á Polícia Civil, que, salvo engano (28.06.2015), também não se subordina a outra instituição, devendo todos nós buscar o cumprimento da lei e os ideais de Justiça. Juntos, sim, conseguiremos, no seu tempo, todos os nossos ideais, na luta pelo bem![115]

Nessa manifestação do juiz, é notável que: i) é incomum a discordância entre os órgãos policiais e o órgão ministerial, demonstrando que a impunidade da polícia, geralmente, conta com o aval e a cooperação do Ministério Público, que acoberta ações possivelmente ilegais e não as apura ou denuncia; ii) a repercussão do caso foi essencial para a atitude altiva do órgão ministerial e a abertura de instrumento investigativo autônomo; iii) a apuração de um crime cometido por policiais é encarada como a luta do bem contra o mal, em que a união do Judiciário, das forças policiais, da Secretaria de Segurança Pública, do Departamento de Polícia Técnica e do Ministério Público representaria o bem, enquanto o mal seria representado pelas vítimas assassinadas e os moradores de comunidades periféricas, que, não coincidentemente, são, em maioria, negros. Afinal, nas palavras do juiz, a discordância dos órgãos de poder é um empecilho para construção de uma sociedade justa que luta em favor do bem.

---

115. Despacho Judicial "opiniões conflitante", p. 7274.

Em meio a esse clima de impunidade construída e consolidada, do varrer a sujeira para debaixo do tapete como prática institucional, da falta de responsabilização e de inércia dos servidores, com a participação de todos os atores do sistema de justiça criminal, os justiçamentos vêm acontecendo sob as assinaturas de médicos, peritos, assistentes de necrópsias, escrivães, investigadores, policiais, promotores, defensores públicos, advogados e juízes, em um grande consenso de uma luta pelo bem. E foi assim que, ainda que o Ministério Público tenha, em uma ação fora da curva, tentado desviar o caminho padrão de um caso de homicídio decorrente de intervenção à oposição policial, ainda que as perícias tenham sido realizadas, ainda que tenha havido uma investigação robusta — apesar das muitas falhas —, ainda que o juiz titular do caso tenha se comprometido a garantir a lei para todos indistintamente, os policiais envolvidos na Chacina do Cabula não foram condenados.

Acontece que o juiz Vilebaldo José de Freitas Pereira entrou de férias (Azevedo, 2016) e foi substituído pela juíza Marivalda Almeida Moutinho. No seu curto tempo de contribuição para o processo, a juíza se manifestou quatro vezes nos autos. Na primeira oportunidade, no dia 25 de junho de 2015, fez dois despachos saneadores simples. No primeiro, determinou o desentranhamento de uma peça juntada pela autoridade policial nos autos de requisição de prisão temporária, quando deveriam ter sido juntadas na ação penal[116]. E no segundo, ordenou a intimação da defesa dos policiais para juntar procuração[117]. Mais adiante, no dia 6 de julho de 2015, decretou o sigilo processual dos autos e transformou o caso em processo físico, alegando a necessidade de preservação de provas materiais. Ademais, solicitou a juntada do laudo da reprodução simulada e concedeu o prazo de dez dias para manifestação das partes

116. Despacho Saneador Marivalda, p. 7345.

117. Despacho Saneador II Marivalda, p. 7346.

acerca dele[118]. Por fim, em sua quarta manifestação, ocorrida no dia 24 de julho de 2015, apenas 47 dias após o juiz titular do caso ter recebido a denúncia, a juíza Marivalda — uma juíza que não participou da construção dos autos, que já somavam 2 682 páginas — absolveu sumariamente os policiais, sem a ocorrência de uma instrução processual.

Importa esclarecer que, no processo penal de crimes contra a vida, há um rito específico em que o acusado é julgado pelo Tribunal do Júri. As únicas situações de exceção para ocorrência do júri são para o caso de o juiz não identificar indícios suficientes de autoria ou participação do fato (decisão de impronúncia), considerar que há provas incontestáveis de inocência (decisão de absolvição sumária) ou entender que não houve crime contra vida, situação em que encaminhará o caso para outra vara criminal (decisão de desclassificação)[119]. Contudo, mesmo nessas hipóteses, é necessário que haja a instrução criminal para a realização de audiência com oitiva das testemunhas, interrogatório dos acusados e análise jurídica das provas em geral. Assim, o fato de a juíza ter finalizado o processo com uma decisão de mérito antes da instrução criminal e após o recebimento da denúncia não condiz com as regras

---

118. Despacho Sigilo Marivalda, p. 7394.

119. Seção II do Capítulo II. Da Pronúncia, da Impronúncia e da Absolvição Sumária. In: BRASIL. Decreto-Lei nº 3.689, de 3 de outubro de 1941 [Código de Processo Penal]. Poder Executivo. Rio de Janeiro, RJ, 03 out. 1941.

e normas do direito processual penal nem com o entendimento dos tribunais sobre o assunto[120].

Além da inconsistência na tese processual utilizada pela magistrada, que aplicou artigos e institutos do processo civil dentro de um processo criminal, alguns pontos precisam ser esclarecidos. Um dos principais argumentos utilizados pela juíza para alegar a ausência de dúvidas quanto à inocência dos policiais militares foram as provas colhidas nos inquéritos, principalmente nas perícias criminais. Ao longo da sentença de absolvição, a juíza reforça veementemente a vasta quantidade de provas periciais constantes no processo, criando uma narrativa que enfatiza a necessidade da realização da perícia para obtenção da verdade. Vejamos trecho da sentença nesse sentido:

> A produção de prova pericial reclama a necessidade de elucidar fatos, que demandam um conhecimento específico em determinada área do conhecimento, excepcionalidade encontrada na hipótese dos autos, já que deixou vestígios, tornando indispensável os exames periciais, e a prova testemunhal não supre sua ausência, e a pericial local — reprodução

---

120. Um fato posterior pode nos ajudar a esclarecer o ocorrido nos autos da Chacina do Cabula. Alguns anos depois de inocentar os policiais, a magistrada Marivalda Almeida Moutinho foi afastada de suas atividades judiciais por ser alvo de investigações da Ação Penal 940. Conhecida como Operação Faroeste, a ação apura esquema de venda de decisões judiciais dentro do Tribunal de Justiça da Bahia. E, apesar da sentença de absolvição da Chacina do Cabula não ter sido divulgada como uma das sentenças investigadas, não se pode negar que é uma decisão que foge das hipóteses legais e regimentais previstas, o que causa suspeita. Ver mais em: NETTO, Paulo Roberto. Juíza sob suspeita de venda de sentenças na Bahia era corpo estranho no fórum, diz relatório da PF. Estadão, 07 dez. 2019. Disponível em: https://politica.estadao.com.br/blogs/fausto-macedo/juiza-sob-suspeita-de-venda-de-sentencas-na-bahia-era-corpo-estranho-no-forum-diz-relatorio-da-pf/. Acesso em: 12 nov. 2022 e VITAL, Danilo. STJ renova afastamento de desembargadores do TJ-BA por mais um ano. Consultor Jurídico, 02 fev. 2022. Disponível em: https://www.conjur.com.br/2022-fev-02/stj-renova-afastamento-desembargadores-tj-ba-ano/. Acesso em: 12 nov. 2022.

> simulada, perpetrada tornou-se própria, necessária e indispensável para constatação da verdade real dos fatos, arts. 158 e 159 do CPP[121].

Apesar de enaltecer a necessidade da perícia em casos de crimes que deixam vestígios, a juíza o faz com o intuito de dar legitimidade a sua tese de não mais precisar de provas testemunhais, permitindo-lhe sentenciar o processo sem a finalização da instrução processual. Na lógica defendida pela dra. Marivalda Moutinho, se a perícia já havia sido realizada, inclusive com reconstituição dos fatos através de reprodução simulada, e o Ministério Público já havia colhido alguns depoimentos em inquérito, não havia a necessidade de produção de outras provas, visto que as perícias foram suficientes para formar sua convicção de julgadora:

> Como se não bastasse, no caso dos autos sob exame, o magistrado não está obrigado a deferir novas perícias e novas provas, se não julga-las necessárias, mormente se inexiste argumento capaz de pôr em dúvidas a prestabilidade das provas periciais e técnicas já realizadas[122].

Todavia, conforme vimos, utilizar a perícia sem o confronto com as oitivas das testemunhas, acusados e vítimas é inócuo para obtenção da verdade, visto que as perícias privilegiam a versão policial para análise das evidências analisadas. Ignorar o que essas pessoas têm para dizer é deixar de lado, mais uma vez, uma parte da realidade vivida no dia dos fatos.

Outro equívoco que é possível identificar na sentença é a ausência de análise das informações trazidas no cerne dos laudos e documentos periciais. Apenas as conclusões e resposta aos quesitos são levadas em consideração para a formação da convicção do juízo. E, como visto, são justamente essas partes dos laudos as mais omissas, incompletas e enviesadas.

121. Sentença, p. 7417.

122. Sentença, p. 7417.

Ao longo de toda a sentença, frases como "a prova pericial técnica comprovam de que não houve disparos a curta distância e sim a longa distância"[123], "a reprodução simulada dos fatos não concluiu no mesmo sentido do Parquet"[124], "como se constata da conclusão do robusto Laudo Pericial elaborado por especialistas em reprodução de fatos anteriormente ocorridos, a presente ação penal não merece continuar"[125] e "tudo conforme prova pericial e técnica constante dos autos"[126] são utilizadas para impor argumentos de autoridade. Dessa maneira, as mais diversas decisões vão sendo construídas e alicerçadas na cientificidade por trás dos laudos, mas o conteúdo trazido por esses é ignorado na sua essência. Assim, a decisão de que não houve excesso policial nem execução sumária foi tomada com base na inexistência de zonas de tatuagem de pólvora e na presença de pólvora na mão de quatro das dezoito vítimas.

A magistrada vai mais longe e ignora o fato de os policiais militares serem os acusados no processo. Assim, o texto processual volta-se a enumerar indícios — citados com afirmações de certezas — que apontam que as vítimas provocaram a própria morte: estavam na rua tarde da noite, em local de venda e uso de drogas, tinham armas na mão, eram usuários de drogas e outras justificativas comuns para o aniquilamento negro. Vejamos alguns desses trechos:

> Que ocorreu premeditação e planejamento prévio ajustados entre os acusados, sobre o comando do Subtenente Pitta, esquecendo-se de que a prova de balística e de reprodução simulada seguramente demonstram de que as vítimas se encontravam portando armas de fogo de grosso calibre, reunidos em um local esmo, escuro, em altas horas da noite

123. Sentença, p. 7423.

124. Sentença, p. 7423.

125. Sentença, p. 7421.

126. Sentença, p. 7422.

(madrugada), à espreita de surpreender a guarnição policial, que habitualmente fazia rondas no local, de notório ponto de tráfico de drogas intenso, tanto que usavam roupas camufladas do exército para dificultar que fossem vistos no local, estando assim prontos para abordarem a guarnição e para fugirem no caso frustrado fossem a ação planejada de emboscar a guarnição[127].

[...]

Se alguém conhecia o local muito bem, eram as vítimas por serem moradores e frequentadores habituais do ponto de tráfico de drogas, tanto que portavam consigo armas de fogo, quando não eram policiais, não possuíam porte de arma e contumazes em evadir-se do local à chegada das guarnições policiais em ronda, fato este afirmado pelo próprio Órgão acusador na sua peça de denúncia fls. 06, "(...). isto porque, em ações anteriores no local, a RONDESP nunca conseguia prender os traficantes e apreender grande quantidade de droga, em razão das dificuldades de incursionar ostensivamente naquela localidade, sem chamar atenção, o que acabava por propiciar a fuga dos suspeitos...(...)".

As vítimas, embora não tivessem registro de antecedentes criminais, como mencionado na denúncia, não estão isentas de terem envolvimentos em práticas de condutas delitivas, até porque portavam armas de fogo em quantidade e de grosso calibre, drogas, objetos que se deduz para a pratica de ações criminosas de explosão de caixas de autoatendimento bancário, e a menor idade de alguns, junto com a ausência de registros de ocorrências criminais e policiais, não servem, por si só, para afastar indícios de condutas de envolvimentos de práticas delitivas[128].

---

127. Sentença, p. 7420.

128. Sentença, p. 7420.

Desse modo, desonrando a imagem das vítimas, que não estavam em julgamento naquele processo, a juíza termina sua curta participação nos autos concluindo, "ante a todo o exposto", pela inequívoca absolvição sumária dos nove policiais militares, por agirem em legítima defesa. Já o juiz titular do 1º Juízo da 2ª Vara do Tribunal do Júri, Vilebaldo José de Freitas Pereira, após retornar do gozo das férias, no dia 27 de julho de 2015, exara um despacho declarando sua suspeição para atuar no caso, alegando motivos de foro íntimo[129]. Paira no ar porque, então, ele não teria declarado isso antes das férias.

Não há nada novo sob o sol: o processo cumpriu a sanha institucional de impunidade. A polícia cumpriu sua sanha de morte em nome da paz social. Os seres matáveis cumpriram sua sina de morrer. E as perícias, claramente, não cumpriram seu papel de Justiça. O sistema criminal opera de modo a privilegiar a punição de determinados grupos em detrimento de outros. Nos termos utilizados por Luiz Cláudio Lourenço, o sistema criminal, por sua seletividade, é uma rede feita para pegar peixes pequenos (Lourenço, 2020). Assim, não é preciso que o Estado extermine todos, basta que se deixe matar e se deixe morrer (Franco, 2021, p. 120-121).

Além disso, embora o trâmite processual da Chacina do Cabula ainda não tenha terminado, visto que se encontra em fase recursal, até onde pudemos ter acesso foi possível perceber que os laudos periciais não foram suficientemente nítidos para mudar os rumos do acerto de justiçamento do poder judiciário, das polícias e da branquitude. E não se trata de um caso pontual ou de problemas individualizadores, mas sim de uma investida institucional que historicamente opera para a vulnerabilização da população negra no Brasil. Se a ação de indivíduos específicos foi essencial para o fracasso da Justiça no processo da Chacina do Cabula, trata-se apenas de um elemento a mais.

---

129. Despacho Suspeição Juiz Titular, p. 7452.

Em vista disso, tomando emprestados os dizeres de Abdias de Nascimento, que afirma que "em cada coração de negro há um quilombo pulsando" (Nascimento, 2022), mesmo que doze corações tenham parado de bater no dia 6 de fevereiro de 2015, sobreviveram outros seis corações que pulsam vida, assim como os antigos quilombos da região do Cabula, que resistiam e perpetuavam a cultura de um povo. Viva, também, segue a memória dos que se foram. Conceição Evaristo já avisou: eles combinaram de nos matar, mas nós combinamos de não morrer (Evaristo, 2015). O Cabula resiste!

CONSIDERAÇÕES FINAIS

Com a fé de quem olha do banco a cena
Do gol que nós mais precisava, na trave.
A felicidade do branco é plena
[...]
A felicidade do preto é quase

TRECHO DA CANÇÃO "ISMÁLIA" DO RAPPER EMICIDA, LEANDRO ROQUE DE OLIVEIRA.

É difícil concluir uma história ainda inconclusa, sobretudo quando o direcionamento não aponta para um final a contento. Obviamente, não estou me referindo aos finais felizes em que tudo se resolve. Os sujeitos dessa história não costumam ser agraciados com vidas simples e descomplicadas. Apesar disso, eu esperava, desse caso, ao menos a consolidação da Justiça, através da responsabilização dos autores imediatos. Afinal, pesquisar o IML consiste em lidar com uma história de morte e apagamento, de modo que é impossível terminar uma pesquisa como esta sem alimentar um desejo desesperado de que se interrompa o ciclo de silêncios e esquecimento aqui destrinchado.

No primeiro capítulo, pude descrever como a construção da tecnologia da medicina legal ocorreu no Brasil. Um conhecimento que iniciou com o intuito de entender a morte, mas que descambou para a importação de conceitos europeus de positivismo científico e de teorias raciais, de maneira a justificar o colonialismo e o aniquilamento de povos não brancos. Um personagem essencial para esse processo, e que é homenageado pelo Instituto Médico Legal da Bahia até os dias atuais, é Nina Rodrigues.

Ainda nesse capítulo, discuti as ideias de Rodrigues e sua contribuição para o racismo científico na Bahia, no Brasil e no mundo. Foi dado destaque, também, ao empenho de Rodrigues para a criação de uma instituição que concentrasse as atividades de Medicina Legal, de modo que, entrelaçando a história do IML à história dos órgãos policiais, fundou, junto aos seus discípulos, os primeiros IMLs do país.

Na cidade de Salvador, o Instituto Médico Legal Nina Rodrigues manteve sua sanha de apagamento da população negra, inclusive no momento de construção do seu segundo prédio. Não à toa, o Terreiro Língua de Vaca, tradicional terreiro de candomblé, foi desmantelado para dar lugar às estruturas do órgão estatal responsáveis por dar vazão aos maltratados corpos de milhares de negros, inclusive os mortos e sobreviventes do Caso da Chacina do Cabula.

Neste livro, através do exame do caso da Chacina do Cabula, uma ocorrência de homicídio decorrente de oposição à intervenção policial, busquei escancarar a cultura institucional do Instituto Médico Legal Nina Rodrigues, demonstrando que todo o processo de produção de laudos periciais é permeado por um racismo antinegro que valida narrativas e ficções de uma polícia que mata enquanto apaga histórias de comunidades inteiras. Ocorridos no bairro do Cabula, de origem quilombola, os assassinatos demonstram, mais uma vez, como os movimentos de necropolítica, nos quais se escolhe quem vai viver ou morrer, funcionam para os mesmos territórios e indivíduos, que, não coincidentemente, são os mesmos alvos institucionais da medicina legal.

Da análise de algumas peças processuais (denúncia, decisões interlocutórias, despachos, sentenças, ofícios, inquéritos policiais e guias periciais) e laudos periciais produzidos pelo IML ou outros órgãos do Departamento de Polícia Técnica, compreendi que as perícias contribuem não para a concretização da Justiça, com os recursos ao seu alcance, mas para justiçamentos em que se continua punindo os mesmos grupos e pessoas historicamente perseguidas.

No decorrer da análise deste material, me familiarizei com as vítimas, seus nomes e pequenos pedaços de suas histórias que pude encontrar em meio às pesquisas. Caio, Caíque, Natanael, Rodrigo, Tiago, Bruno, Jorge, Vitor, Agenor, Ícaro, João Luis, Adriano, Mateus, Jeferson, Rafael, Evson, Ricardo e Jonathan. Todos se tornaram ligeiramente familiares, de modo que colocar um ponto final de maneira esperançosa passou a ser um dever moral que impus a mim mesma. Não sabia, entretanto, o que poderia ser feito para tanto.

Como ter esperança diante de problemas profundos, se nem sequer os casos individuais estavam sendo resolvidos? Eu estava inquieta em busca de algo que pudesse fazer para ter um fechamento digno. Foi nesse momento que, em meio a devaneios e distrações, um nome conhecido surgiu para mim como sugestão do algoritmo das redes sociais. Era um dos sobreviventes da Chacina do Cabula. Uma curiosidade egoica não me impediu de seguir adiante. Entrei no seu perfil e notei que o acesso era público. Não pretendia manter nenhum contato; só queria ver o que ele poderia estar fazendo. Imaginei que ele estaria participando de algum movimento social, ou que haveria postagens relacionadas ao caso da chacina, numa busca por justiça. Ainda bem, eu estava enganada.

Felizmente, sua última foto postada era em comemoração ao aniversário de seu filho. Em frente a uma mesa de aniversário repleta de docinhos e um bolo, ele e a esposa carregavam o filho, ainda pequeno, para soprar as velas. Percebi que havia encontrado meu final esperançoso: o filho dele estava radiante, e seu pai estava logo ao lado. Nada do que eu fizesse seria mais importante do que isso.

Essa é a conclusão perfeita para o meu livro. Eu não poderia concluir este trabalho conforme os anseios dos intelectuais ou os rigores da academia. Afinal, para além da coerência com o marco teórico, descrições metodológicas, hipóteses confirmadas e objetivos alcançados, precisei arrematar este ponto final de modo que ele signifique muito mais do que uma experiência desgastante de escrever um livro sobre um tema de pesquisa delicado. Nada mais poderoso do que afirmar que a resistência negra faz com que exista vida após a morte, e o racismo não é capaz de impedir que isso aconteça.

De repente, tudo fez sentido. Iroco, que é dono do tempo e rege a ancestralidade, resistiu, implacável, à tentativa de destruição do Terreiro Língua de Vaca, para reinar em frente ao IMLNR. Da mesma forma, os sobreviventes da Chacina do Cabula resistiram à violência estatal para dar continuidade à vida dos seus. O Terreiro Língua de Vaca resiste e vive. O Cabula resiste e vive. E vão continuar resistindo e vivendo!

POSFÁCIO

Nas páginas que precederam estas linhas, pudemos testemunhar acontecimentos brutais, porém, rotineiros, cotidianos e tão habituais que já não causam o horror diante da recorrência. A narrativa que aqui se desenrola, infelizmente, compõe uma história que se repete sucessivas vezes, em diferentes versões. Um acontecimento que transcende os indivíduos, a geografia e o tempo. A constante desumanização da barbárie em pele negra.

Dito isso, é imperativo compreender que a situação dissecada na presente obra compõe tão somente um recorte do panorama mais amplo de um problema tão abissal quanto as marcas do racismo podem ser. A chacina do Cabula, embora devastadora, não é isolada. Eventos como esse ecoam diariamente por vielas, esquinas e favelas onde o poder estatal manifesta sua bestialidade de maneira cruel e insidiosa. A máquina opressora não se detém, ela persiste, se transforma e se adapta, enquanto corpos negros continuam a cair sob o peso de uma justiça que se perdeu em suas próprias sombras.

Portanto, é importante que fique claro que este livro não representa somente um trabalho de pesquisa sobre a chacina no Cabula, mas a denúncia de um sistema que persiste em sua indiferença calculada, por meio de um Estado que, sob o pretexto da ordem, perpetua a violência sobre aqueles cujas vozes são facilmente sufocadas. Não à toa, no ano de 2023, a polícia da Bahia orquestrou um pódio sombrio ao superar a polícia do Rio de Janeiro como a força policial mais letal do país. Uma distinção macabra. Uma competição de tristezas em que a vida é medida em estatísticas frias e corações silenciados.

À luz dessa conjuntura, me pego observando que defendi a dissertação responsável por incitar o presente livro no dia 15 de dezembro de 2022, estou escrevendo este posfácio no dia 15 de janeiro de 2024 e, nesse intervalo de tempo entre a defesa e publicação, 103 pessoas foram mortas em ações policiais no antigo Quilombo do Cabula (região que engloba dezessete bairros de Salvador: Arenoso; Arraial do Retiro; Beiru/Tancredo Neves; Cabula; Doron; Engomadeira; Estrada das Barreiras; Fazenda Grande do Retiro; Mata Escura; Narandiba; Novo Horizonte; Pernambués; Resgate; Saboeiro; São Gonçalo do Retiro; Saramandaia; Sussuarana), segundo monitoramento do Instituto Fogo Cruzado. Cento e três corações pararam de bater. Não devemos esquecer que, cada número, cada estatística, representa uma vida interrompida, uma história abruptamente encerrada. Tudo o que poderia ser e não foi.

Diante deste cenário, penso que resistir através da memória e do enfrentamento se torna não uma opção, mas um dever. Desse modo, a presente obra não se propõe a servir como um mero relato do passado, mas como um chamado à ação no presente. Um convite à revolta, à insurgência e à rebelião, a fim de romper com essa política perversa de extermínio e terror, afinal, como lembrou Assata Shakur: "ninguém no mundo, ninguém na história, conseguiu sua liberdade apelando para o senso moral das pessoas que o oprimiam".

Assim, espero que a presente obra possa chegar ao leitor como uma fagulha de um incêndio que está por vir.

REFERÊNCIAS

AGENTES de limpeza do IML são obrigados a remover e até abrir cadáveres. Sindilimp-BA, Santo Antônio de Jesus, 30 ago. 2013. Disponível em: **https://sindilimpba.org.br/?p=265**. Acesso em: 13 mai. 2022.

ALDÉ, Lorenzo. *Ossos do ofício.* Processo de trabalho e saúde sob a ótica dos funcionários do Instituto Médico-Legal do Rio de Janeiro. 2003. 162 f. Dissertação (Mestrado em Saúde Pública) — Fundação Oswaldo Cruz. Escola Nacional de Saúde Pública, Rio de Janeiro, 2003.

ANDRADE, Vera Regina Pereira de. *Dogmática e sistema penal:* em busca da segurança jurídica prometida. 1994. 504 f. Tese (Doutorado em Direito) – Universidade Federal de Santa Catarina, Florianópolis, 1994.

AZEVEDO, Lena. *Chacina do Cabula:* um ano, 12 mortos e uma sentença de absolvição. Portal Geledés, 08 mar. 2016. Disponível em: **https://www.geledes.org.br/chacina-do-cabula-um-ano-12-mortos-e-uma-sentenca-de-absolvicao/**. Acesso em: 12 nov. 2022.

BAHIA. *Constituição do Estado da Bahia de 1989.* Salvador. Diário Oficial do Estado da Bahia. 1989. Disponível em: **http://www.legislabahia.ba.gov.br/documentos/constituicao-do-estado-da-bahia-de-05-de-outubro-de-1989**. Acesso em: 04 jul. 2021.

BAHIA. *Constituição do Estado da Bahia de 1989*. Salvador. Diário Oficial do Estado da Bahia. 1989. Disponível em: **http://www.legislabahia.ba.gov.br/documentos/constituicao-do-estado-da-bahia-de-05-de-outubro-de-1989**. Acesso em: 19 ago. 2021.

BAHIA. *Decreto nº 13.585 de maio de 1947*. Poder Executivo. Salvador, BA.

BAHIA. *Decreto nº 5.544, de 5 de junho de 1905*. Approva o projecto e planta das obras de reconstrucção do edificio da Faculdade de Medicina da Bahia, na parte destruida por incendio, e declara de utilidade pública a desapropriação não só dos 13 predios indicados na referida planta com os ns. 2 a 26, situados a rua das Portas do Carmo, mas tambem de uma nesga de terreno por detrás dos predios ns. 20 a 26. Poder Executivo. Salvador, BA. Publicação Diário Official — 7/6/1905, Página 2607.

BAHIA. *Decreto-Lei nº de 12 de julho de 1896*. Cria a Seção Médico Legal, encarregada das Perícias e verificações de óbitos, e dá outras providências. Poder Executivo. Salvador, BA.

BAHIA. *Emenda Constitucional nº 07, de 18 de janeiro de 1999*. Modifica o regime e dispõe sobre princípios e normas da Administração Pública, servidores e agentes políticos, controle de despesas e finanças públicas, sistema de previdência social, estabelece normas de transição e dá outras providências. Salvador. Publicada Diário do Legislativo de 19/01/1999. Disponível em: **http://www.legislabahia.ba.gov.br/documentos/emenda-constitucional-no-07-de-18-de-janeiro-de-1999**. Acesso em 04 jul. 2021.

BAHIA. Governo do Estado. *Decreto nº 1.106, de 15 de junho de 1912*. Diário Oficial do Estado da Bahia; Poder Executivo, Salvador, BA.

BAHIA. Governo do Estado. *Decreto nº 10.521, de 31 de dezembro de 1937*. Diário Oficial do Estado da Bahia; Poder Executivo, Salvador, BA.

BAHIA. Governo do Estado. *Decreto nº 10.706, de 24 de março de 1938*. Diário Oficial do Estado da Bahia; Poder Executivo, Salvador, BA. Publicação Diário Oficial de 27/03/1938.

BAHIA. Governo do Estado. *Decreto nº 11.137, de 26 de dezembro de 1938.* Aprova o acordo de cooperação de serviço relativo ao ensino e à perícia médico-legais. Diário Oficial do Estado da Bahia; Poder Executivo, Salvador, BA. Publicação Diário Oficial de 20/12/1938.

BAHIA. Governo do Estado. *Decreto nº 9.388, de 2005.* Aprova as especificações de classes das carreiras que constituem o Sistema Policial Civil de Carreira Profissional do Departamento de Polícia Técnica do Estado da Bahia, integrantes do Grupo Ocupacional Segurança Pública, e dá outras providências. Diário Oficial do Estado da Bahia; Poder Executivo, Salvador, BA.

BAHIA. Governo do Estado. *Decreto nº 977, de 1911.* Reorganiza o Serviço Médico-Legal da Repartição Central da Polícia. Diário Oficial do Estado da Bahia; Poder Executivo, Salvador, BA.

BAHIA. Governo do Estado. *Lei nº 11.370, 04 de fevereiro de 2009.* Institui a Lei Orgânica da Polícia Civil do Estado da Bahia, e dá outras providências. Diário Oficial do Estado da Bahia; Poder Executivo, Salvador, BA.

BAHIA. Governo do Estado. *Lei nº 3.118, de 1973.* Cria o Departamento de Polícia Técnica na Secretaria da Segurança Pública e dá outras providências. Diário Oficial do Estado da Bahia; Poder Executivo, Salvador, BA.

BAHIA. Governo do Estado. *Lei nº 3.497, 08 de julho de 1976.* Dispõe sobre a reestruturação organizacional da Secretaria da Segurança Pública e dá outras providências. Diário Oficial do Estado da Bahia; Poder Executivo, Salvador, BA.

BAHIA. Governo do Estado. *Lei nº 6.074, 22 de maio de 1991.* Modifica a estrutura organizacional da Administração Pública Estadual e dá outras providências. Diário Oficial do Estado da Bahia; Poder Executivo, Salvador, BA.

BAHIA. Governo do Estado. *Lei nº 882, de 1912.* Autoriza o Governo do Estado a reorganizar o serviço médico-legal da Polícia, de conformidade com o acordo celebrado, em 31 de dezembro de 1907, com a Faculdade de Medicina da Bahia. Diário Oficial do Estado da Bahia; Poder Executivo, Salvador, BA.

BAHIA. *Lei nº 115, de 16 de agosto de 1895.* Cria a Secretaria do Interior, Justiça e Instrução Pública. Poder Executivo. Salvador, BA.

BAHIA. POLÍCIA MILITAR DA BAHIA. *Portaria n.º 035-CG/2005, de 7 de setembro de 2005.* Dispõe sobre o registro e o porte de arma de fogo na Polícia Militar e dá outras providências. Gabinete do Comandante-Geral. Salvador, BA.

BAHIA. Secretaria de Segurança Pública. Departamento de Polícia Técnica. *Diretoria do Interior.* Site Institucional. Disponível em: **http://www.dpt.ba.gov.br/modules/conteudo/conteudo.php?conteudo=14**. Acesso em 19 out. 2021.

BAHIA. Secretaria de Segurança Pública. Departamento de Polícia Técnica. *Institucional IIPM.* Site Institucional. Disponível em: **http://www.dpt.ba.gov.br/modules/conteudo/conteudo.php?-conteudo=13**. Acesso em 19 out. 2021.

BAHIA. Secretaria de Segurança Pública. Departamento de Polícia Técnica. *Institucional ICAP.* Site Institucional. Disponível em: **http://www.dpt.ba.gov.br/modules/conteudo/conteudo.php?conteudo=11**. Acesso em 19 out. 2021.

BAHIA. Secretaria de Segurança Pública. Departamento de Polícia Técnica. *Institucional LCPT.* Site Institucional. Disponível em: **http://www.dpt.ba.gov.br/modules/conteudo/conteudo.php?-conteudo=12**. Acesso em 19 out. 2021.

BAHIA. Secretaria de Segurança Pública. Departamento de Polícia Técnica. *Institucional IML.* Site Institucional. Disponível em: **http://www.dpt.ba.gov.br/modules/conteudo/conteudo.php?conteudo=10**. Acesso em 19 out. 2021.

BAIRROS, Luiza. *Lembrando Lélia Gonzalez 1935-1994*. Afro-Ásia, Salvador, n. 23, 2000.

BASTIDE, Roger. *Imagens do Nordeste místico em preto e branco*. Rio de Janeiro: Cruzeiro, p. 65, 1945.

BITTAR, Neusa. *Medicina Legal e noções de criminalística*. 7. ed. Salvador: JusPodivm, p. 58, 2018.

BOLDT, Raphael. *Mídia, legislação penal emergencial e direitos fundamentais*. 2009. 171 f. Dissertação (Mestrado em Direito) — Faculdade de Direito de Vitória, Vitória, p. 50, 2009.

BRASIL. *Lei nº 12.030, de 17 de setembro de 2009*. Dispõe sobre as perícias oficiais e dá outras providências. Poder Executivo. Brasília, DF.

BRASIL. Supremo Tribunal Federal. *Ação Direta de Inconstitucionalidade 2575*. Relator Ministro Dias Toffoli. Julgamento 24/06/2020. Diário Oficial Eletrônico 13/11/2020. Disponível em: **http://portal.stf.jus.br/processos/detalhe.asp?incidente=1985762**. Acesso em: 12 jan. 2021.

BRITTO, Antonio Carlos Nogueira. *O falecimento do Professor Doutor Raymundo Nina Rodrigues, em Paris, a 17 de Julho de 1906 e a narrativa da chegada do cadáver ao porto desta capital, no dia 10 de agosto do mesmo ano. A exposição minudenciosa das exéquias do célebre cientista brasileiro*. Disponível em: **https://fmb.ufba.br/filebrowser/download/1124**. Acesso em 28 jun. 2021.

CÂMARA, Mário César Lopes Pontes. *Alimentando o SIM-DATASUS:* Distorções e Perda da Informação. In: Fórum ASpaLe. 07 nov. 2020. Disponível em: **https://www.youtube.com/watch?v=P7BOSXlwxv0**. Acesso em 16 jan. 2021.

CAMPOS, José Carneiro de. *Memória Histórica da Faculdade de Medicina da Bahia (1905)*. Salvador: 1906.

CANO, Ignacio. *Letalidade da ação policial no Rio de Janeiro*. Rio de Janeiro: ISER, 1997.

CARVALHO BRITO, Ana Cláudia de. *O que é "ser polícia"?*: tensões, continuidades e rupturas na Polícia Civil. 2020. 137 f. Dissertação (Mestrado em Antropologia Social) — Universidade Federal do Rio Grande do Norte, Natal, 2020.

CASTRO, Yeda Pessoa de. *Os falares africanos na interação social do Brasil Colônia.* Salvador: Centro de Estudos Baianos, 1980.

CATON, Steven C. "Abu Ghraib and the Problm of Evil". *In:* LAMBEK, M. (Org.). *Ordinary Ethics:* Anthropology, Language, and Action. New York: Fordham University Press, 2010.

CATON, Steven C.; ZACKA, Bernardo. *Abu Ghraib, the security apparatus, and the performativity of power.* American Ethnologist, vol. 37, n. 2, pp. 203–211, mai. 2010.

CELLARD, André. A análise documental. *In*: POUPART, Jean *et al. A pesquisa qualitativa:* enfoques epistemológicos e metodológicos. Petrópolis: Vozes, 2008.

CIDH. *Corte Interamericana de Direitos Humanos:* Caso Favela Nova Brasília vs. Brasil, 1994. Sentença de 16 de fevereiro de 2017. Disponível em: **http://www.itamaraty.gov.br/images/Banco_de_imagens/SENTENCIA_FAVELA_NOVA_PORTUGUESfinal.pdf.** Acesso em: 11 ago. 2021.

CIRCULAR do Diretor Francisco Rodrigues da Silva acerca da viagem do professor Virgílio Clímaco Damásio. In: LIMA, Estácio de. Velho e novo "Nina". Salvador: Governo Roberto Santos; Secretaria da Segurança Pública; Polícia Civil da Bahia, 1979.

COÊLHO, Bruna Fernandes. *Histórico da Medicina Legal.* Revista Faculdade de Direito da Universidade de São Paulo. v. 105. P. 355-362. Jan./dez. 2010.

CONSELHO FEDERAL DE MEDICINA. *Código de ética do estudante de medicina.* Brasília: CFM, 2018.

CORRÊA, Mariza. *As ilusões da liberdade:* a Escola Nina Rodrigues e a antropologia no Brasil. [livro eletrônico]. Rio de Janeiro: Editora Fiocruz, 2013.

COSTA, Cristiane Sobrinho. *Dossiê de registro especial do patrimônio imaterial Festa de Iemanjá.* Salvador: Fundação Gregório de Matos, 2019. Disponível em: **http://www.cultura.salvador.ba.gov.br/index.php/noticias/1205-fgm-disponibiliza-dossie-tecnico-sobre-a-festa-de-iemanja-2**. Acesso em 24 jan. 2022.

DEL-CAMPO, Eduardo Roberto Alcântara. *Medicina legal.* São Paulo: Saraiva, 2006.

EVARISTO, Conceição. A gente combinamos de não morrer. *In*: *Olhos d'Água.* Rio de Janeiro: Pallas, 2015.

FANON, Frantz. *Os Condenados da Terra.* Lisboa: Editora Ulisseia limitada, 1961.

FÁVERO, Flamínio. *Medicina legal:* introdução ao estudo da medicina legal. 11 ed. Belo Horizonte: Itatiaia, 1975.

FERREIRA, Letícia Carvalho de Mesquita. *Dos autos da cova rasa:* identificação de corpos não identificados no Instituto Médico-Legal do Rio de Janeiro, 1942-1960. Rio de Janeiro: e-papers/Laced-Museu Nacional, 2009.

FERREIRA, Poliana da Silva. *A responsabilização da polícia que mata:* um estudo de caso sobre o tratamento jurídico das abordagens policiais com resultado morte. 2019. 206 f. Dissertação (Mestrado em Direito) — Fundação Getúlio Vargas, Escola de Direito de São Paulo, São Paulo, 2019.

FERREIRA, Wilson Luiz Palermo. *Medicina Legal.* Salvador: JusPodivm, 2020.

FERRETTI, Sergio F. *Nina Rodrigues e a religião dos orixás.* Gazeta Médica da Bahia. nº 76. Suplemento 2, p. 54-59, 2006.

FLAUZINA, Ana Luiza Pinheiro. *Corpo negro caído no chão:* o sistema penal e o projeto genocida do Estado brasileiro. 2006. 145 f. Dissertação (Mestrado em Direito) — Universidade de Brasília, Brasília, 2006.

FLORIANÓPOLIS. Secretaria Municipal de Saúde. Vigilância em Saúde. *Protocolo de cuidados de feridas.* Antônio Anselmo Granzotto de Campos (Coord.); Lucila Fernandes More e Suzana Schmidt de Arruda (Orgs). Florianópolis: IOESC, 2007.

FONSECA, Luiz Anselmo. *Memória Histórica da Faculdade de Medicina da Bahia (1891).* Salvador, 1892.

FÓRUM BRASILEIRO DE SEGURANÇA PÚBLICA. *Atlas da Violência 2021.* Disponível em: **https://www.ipea.gov.br/atlasviolencia/arquivos/artigos/1375-atlasdaviolencia2021completo.pdf.** Acesso em: 24 fev. 2022.

FÓRUM BRASILEIRO DE SEGURANÇA PÚBLICA. *Atlas da Violência.* Disponível em: **https://www.ipea.gov.br/atlasviolencia/filtros-series/1/homicidios.** Acesso em: 20 set. 2022.

FRANÇA, Fábio Gomes de. *Disciplinamento e humanização:* a formação policial militar e os novos paradigmas educacionais de controle e vigilância. 2012. 161 f. Dissertação (Mestrado em Sociologia) – Universidade Federal da Paraíba, Programa de Pós-Graduação em Sociologia, João Pessoa, 2012.

FRANÇA, Genival Veloso de. *Medicina Legal.* 11. ed. Rio de Janeiro: Guanabara Koogan, 2017.

FRANCO, Fábio Luís. *Governar os mortos:* necropolíticas, desaparecimento e subjetividade. São Paulo: Ubu Editora, 2021.

FRANCO, Fábio. Reforma das Perícias. *Portal Memórias das Ditaduras.* Disponível em: **http://memoriasdaditadura.org.br/reforma-das-pericias.** Acesso em: 06 jul. 2021.

FREITAS, Felipe da Silva. *Discursos e práticas das políticas de controle de homicídios:* uma análise do "Pacto pela Vida" do Estado da Bahia (2011-2014). 2015. 157 f. Dissertação (Mestrado em Direito) — Universidade de Brasília, Brasília, 2015.

FREITAS, Felipe. FLAUZINA, Ana. *Entre as promessas de paz e as sentenças de guerra.* Grupo de pesquisa Percursos, Narrativas e Fragmentos: História do Direito e do Constitucionalismo. Youtube, 03 set. 2020. Disponível em: **https://www.youtube.com/watch?v=YdxVglv3Q78**. Acesso em: 8 set. 2020.

GASPARI, Elio. *A ditadura escancarada.* Rio de Janeiro: Companhia das Letras, 2002.

GÓES, Luciano. *A "tradução" do paradigma etiológico de criminologia no Brasil:* um diálogo entre Cesare Lombroso e Nina Rodrigues da perspectiva centro-margem. 2015. 242 f. Dissertação (Mestrado em Direito) — Universidade Federal de Santa Catarina, Florianópolis, 2015.

GÓIS, Aléxis Cerqueira. *Reconhecimento facial ajudou a prender mais de 200 na Bahia.* Tecmundo, Salvador, 18 out. 2021. Disponível em: **https://www.tecmundo.com.br/seguranca/227023-reconhecimento-facial-ajudou-prender-200-bahia.htm**. Acesso em: 02 jun. 2022.

GOMES, Helio. *Medicina Legal.* 25. ed. Rio de Janeiro: Freitas Bastos, 1987.

GUERREIRO RAMOS, Alberto. *O problema do negro na sociedade brasileira.* Transcritos de Cadernos de Nosso Tempo, 2 (2):189-220, jan./jun. 1954. Republicado em Simon Schwartzman, editor, O Pensamento Nacionalista e os "Cadernos de Nosso Tempo". Brasília, Câmara dos Deputados e Biblioteca do Pensamento Brasileiro, 1981.

GUERREIRO RAMOS, Alberto. *Patologia social do branco brasileiro.* Jornal do Comércio. Rio de Janeiro, p. 215, 1955.

GUILHON ALBUQUERQUE, J. A. *Metáforas da desordem:* o contexto social da doença mental. Rio de Janeiro: Paz e Terra, 1978.

HARTMAN, Saidiya V. *Scenes of subjection:* terror, slavery, and self-making in nineteenth-century America. New York: Oxford University Press, 1997.

IBGE — INSTITUTO BRASILEIRO DE GEOGRAFIA E ESTATÍSTICA. *Pesquisa Nacional por Amostra de Domicílios (PNAD).* 2005.

IMPERIO DO BRAZIL. *Decreto nº 1.746, de 16 de abril de 1856.* Dá Regulamento para a Secretaria da Polícia da Côrte. Poder Executivo. Rio de Janeiro, RJ.

IMPERIO DO BRAZIL. *Lei nº de 03 de outubro de 1832.* Dá nova organização ás actuaes Academias Medico-cirurgicas das cidades do Rio de Janeiro, e Bahia. Registrada a fl. 192 verso do Livro 5º de Leis, Alvarás e Cartas. Secretaria de Estado dos Negócios do Império. Rio de Janeiro, RJ, 16 out. 1932.

IMPERIO DO BRAZIL. *Lei nº de 16 de dezembro de 1830.* [Código Criminal do Império do Brazil]. Manda executar o Código Criminal. Registrada a fl. 39 do liv. 1º de Leis, Poder Executivo. Rio de Janeiro, RJ, 07 jan. 1831.

IMPERIO DO BRAZIL. *Lei nº de 29 de novembro de 1832.* [Código de Processo Criminal do Império do Brazil]. Promulga o Código do Processo Criminal de primeira instancia com disposição provisória acerca da administração da Justiça Civil. Registrada a fl. 104, verso do Livro 1º de Leis, Poder Executivo. Rio de Janeiro, RJ, 05 dez. 1832.

LEAL, Camila Garcez. *Ministério Público:* a caneta que puxa o gatilho – os homicídios decorrentes de oposição à intervenção policial e o caso Cláudia Silva Ferreira. 2020. 157 f. Dissertação (Mestrado em Direito) — Universidade Federal da Bahia, Faculdade de Direito, Salvador, 2020.

LIMA, Cláudio Jorge da Costa; ZOUAIN, Deborah Moraes; GOMES, José Maria Machado. A modernização organizacional da criminalística brasileira: uma proposta. *In:* VASCONCELOS, Flavio Carvalho de; FONTES FILHO, Joaquim Rubens; TSUNODA, Márcia Aiko (Org.). *Gestão Pública:* a perícia criminal em foco. Rio de Janeiro: Editora FGV, 2013.

LIMA, Estácio de. *Velho e novo "Nina"*. Salvador: Governo Roberto Santos; Secretaria da Segurança Pública; Polícia Civil da Bahia, 1979.

LOURENÇO, Luiz Cláudio. A rede dos peixes pequenos: um estudo de caso sobre a atuação dispositivo prisional. *In: 44º Encontro anual da ANPOCS,* 01 a 11 dez. 2020. Disponível em: **https://www.anpocs.com/index.php/encontros/papers/44-encontro-anual-da-anpocs/gt-32/gt47**. Acesso em: 13 nov. 2022.

MARTINS, Luciana Conceição de Almeida. *História Publica do Quilombo Cabula:* representações de resistência em museu virtual 3D aplicada a mobilização do turismo de base comunitária. 2017. 311 f. Tese (Doutorado Multi-institucional e Multidisciplinar em Difusão do Conhecimento.) — Universidade Federal da Bahia, Salvador, 2017.

MBEMBE, Achille. *Necropolítica:* biopoder, soberania, estado de exceção, política da morte. São Paulo: n-1, edições, 2018.

MECANISMO NACIONAL DE PREVENÇÃO E COMBATE À TORTURA. *Nota Técnica nº 7, de 15 de junho de 2020:* Análise sobre a presença de agente de custódia e/ou policial durante a realização de exame de corpo de delito em pessoas privadas de liberdade. Disponível em: **https://mnpctbrasil.files.wordpress.com/2020/06/nt-7-mnpct-presenc3a7a-policial-em-corpo-de-delito.pdf**. Acesso em: 31 ago. 2022.

MEDEIROS, Flavia. Antropologia dos mortos. *In: I Seminário Internacional da ROAS – Gestão da Morte e Modos de Produção de Memória na Pandemia do Novo Coronavírus.* Disponível em: **https://www.youtube.com/watch?v=eQRAKF6b0ao&t**. Acesso em 28 out. 2021.

MEDEIROS, Flavia. *Políticas Públicas de Perícia Criminal na garantia dos direitos humanos:* Relatório Final sobre a autonomia da Perícia Técnico-Científica no Brasil. São Paulo: Friedrich-Ebert-Stiftung (FES) Brasil. Instituto Vladmir Herzog, 2020.

MEDEIROS, *Matar o morto:* uma etnografia do Instituto Médico-Legal do Rio de Janeiro. Niterói: EDUFF, 2016.

MISSE, Michel; GRILLO, Carolina Christoph; TEIXEIRA, César Pinheiro; NERI, Natasha Elbas. *Relatório Final da Pesquisa "Autos de resistência":* uma análise dos homicídios cometidos por policiais na cidade do Rio de Janeiro (2001-2011). Rio de Janeiro: Núcleo de Estudos da Cidadania, Conflito e Violência Urbana, Universidade Federal do Rio de Janeiro, 2011.

MISSE, Michel; GRILLO, Carolina Christoph; TEIXEIRA, César Pinheiro; NERI, Natasha Elbas. *Quando a polícia mata:* homicídios por "autos de resistência" no Rio de Janeiro (2001- 2011). Rio de Janeiro: NECVU, BOOKLINK, 2013.

MONITOR DE VIOLÊNCIA. G1. Disponível em: **https://especiais.g1.globo.com/monitor-da-violencia/2018/mortes-violentas-no-brasil/?_ga=2.184755565.530391066.1645666761-1024235986.1643769751#/dados-mensais-2021**. Acesso em: 24 fev. 2022.

MOTA, Flávio Oliveira; FREITAS, Breno Braga de Souza. Uma busca pela identidade cultural de origem quilombola na região do Cabula em Salvador-Bahia. *In:* VII Congresso Brasileiro de Geógrafos, 2014, Vitória/ES. *Anais eletrônicos.* Vitória/ES: Associação dos Geógrafos Brasileiros, 2014. Disponível em: **http://www.cbg2014.agb.org.br/resources/anais/1/1404308321_ARQUIVO_ArtigodaCBG.pdf**. Acesso em: 17 fev. 2022.

MOURA, Clóvis. *Quilombos.* Resistência ao escravismo. 3ª ed. São Paulo: Editora Ática, 1993.

NADAI, Larissa. VEIGA, Cilmara. *Fazer falar os pedaços de carne:* comparações entre laudos periciais em casos seriais produzidos pelo Instituto Médico Legal (IML) de Campinas e de Juiz de Fora. *In:* FERREIRA, Letícia. LOWENKRON, Laura (Org.) Etnografia de documentos: pesquisas antropológicas entre papéis, carimbos e burocracias. Rio de Janeiro: E-papers, 2020.

NAIDIN, Silvia. Letalidade policial: Problema ou projeto? *Boletim Segurança e Cidadania,* n. 27, out. 2020.

NASCIMENTO, Abdias. *Padê de Exu Libertador.* Disponível em: **http://www.abdias.com.br/poesia/poesia.htm.** Acesso em: 12 nov. 2022.

NICOLIN, Janice de Sena. *Artebagaço Odeart:* ecos que entoam a mata africano-brasileira do Cabula. 2007. 403 f. Dissertação (Mestrado em Educação e Contemporaneidade) — Universidade do Estado da Bahia, Salvador, 2007.

PEREIRA, Daniel de Menezes. Aspectos históricos e atuais da perícia médico legal e suas possibilidades de evolução. 2013. Dissertação (Mestrado em Direito Penal e Medicina Forense) — Faculdade de Direito, Universidade de São Paulo, São Paulo, 2013.

PIERSON, Donald. *Brancos e pretos na Bahia*: estudo de contato racial. São Paulo: Companhia Editora Nacional, 1971.

PIRES, Thula Rafaela de Oliveira. Direitos humanos traduzidos em pretuguês. *In*: *13º Mundo de Mulheres & Fazendo Gênero 11:* Transformações Conexões, Deslocamentos. 2017, Florianópolis. Anais Eletrônicos. Florianópolis: UFSC, 2017.

POLÍCIA CIVIL DO ESTADO DA BAHIA. *Polícia Civil da Bahia:* história, lideranças e influências. Salvador: EGBA, 2018.

POLÍCIA TÉCNICA DE SERGIPE. *Manual de Requisições da Perícia Oficial.* Aracaju: Polícia Técnica de Sergipe, 2018.

PRADO, Alessandra Rapacci Mascarenhas; CALDAS, Fernanda Furtado. A presunção de veracidade dos testemunhos prestados por policiais: inversão do ônus da prova e violação ao princípio da presunção da inocência. *Revista Brasileira de Ciências Criminais: RBCCrim*, São Paulo, v. 28, n. 166, p. 85-127, abr. 2020.

QUINNEY, Richard. *Critique of Legal Order:* crime control in capitalist society. Boston: Little, Brown and Company, 1974.

R7. *Parentes arregam caixões dos mortos para agilizar liberação no IML de Salvador (BA)*. Portal R7, Salvador, 19 nov. 2013. Fala Brasil. Disponível em: **https://recordtv.r7.com/fala-brasil/videos/parentes-carregam-caixoes-dos-mortos-para-agilizar-liberacao-no-iml-de-salvador-ba-06102018**. Acesso em: 13 mai. 2022.

R7. *Varela comenta sobre o elevador do IML de Salvador*. Portal R7, Salvador, 16 set. 2016. Disponível em: **https://noticias.r7.com/bahia/balanco-geral-ba/videos/varela-comenta-sobre-o-elevador-do-iml-de-salvador-16092016**. Acesso em: 13 mai. 2022.

RABELLO, Eraldo. *Balística Forense*. 3. ed. Porto Alegre, RS: Sagra Luzatto, 1995.

RAMOS, Silvia *et al. A vida resiste:* além dos dados da violência. Rio de Janeiro: Rede de Observatórios da Segurança/CESeC, jul. 2021.

RAMOS, Silvia *et al. A vida resiste:* além dos dados da violência. Rio de Janeiro: Rede de Observatórios da Segurança/CESeC, jul. 2021.

RAMOS, Silvia *et al. Pele-alvo:* a cor da violência policial. Rio de Janeiro: CESeC, p. 9, dezembro de 2021.

REGINATO, Andréa Depieri de A. Uma introdução à pesquisa documental. *In*: MACHADO, Maíra Rocha (Org.). *Pesquisar empiricamente o Direito*. São Paulo: Rede de Estudos Empíricos em Direito, 2017.

REIS, João José. Escravos e coiteiros no Quilombo do Oitizeiro. Bahia, 1806. *In*: REIS, João José; GOMES, Flávio dos Santos. *Liberdade por um fio:* história dos quilombos no Brasil. São Paulo: Companhia das Letras, 1996.

REIS, João José. *Rebelião escrava no Brasil:* a história do levante dos malês (1835). São Paulo: Editora Brasiliense, 1996.

RIBEIRO, Augusto Pessoa. A morte de Nina Rodrigues e suas repercussões. *Revista Afro-Ásia*, n. 16, do Centro de Estudos Orientais, 1995.

RODRIGUES, Raymundo Nina. *O animismo fetichista dos negros bahianos.* 2. ed. Rio de Janeiro: Civilização Brasileira, 1935.

RODRIGUES, Raymundo Nina. *A Reforma dos exames médico-legaes no Brasil.* Apello ao Congresso de Unificação das leis processuais. In: CORRÊA, Mariza. *As ilusões da liberdade:* a Escola Nina Rodrigues e a antropologia no Brasil. [livro eletrônico]. Rio de Janeiro: Editora Fiocruz, 2013.

RODRIGUES, Raymundo Nina *As raças humanas e a responsabilidade penal no Brasil.* Rio de Janeiro: Centro Edelstein de Pesquisa Social, 2011.

RODRIGUES, Raymundo Nina *Os africanos no Brasil.* 3. ed. Rio de Janeiro: Companhia Editora Nacional, 1945.

RODRIGUES, Raymundo Nina *Os progressos da Medicina Legal no Brasil no século XIX. Memória* original. Revista dos Cursos da Faculdade de Medicina da Bahia, ano I, tomo I, 1902.

SILVA PLATERO, Klarissa Almeida. *A Construção Social e Institucional do Homicídio:* Da perícia em local de morte à sentença condenatória. 2013. 145 f. Tese (Doutorado em Ciências Humanas) — Universidade Federal do Rio de Janeiro, Rio de Janeiro, 2013.

SILVA, Alden José Lázaro da. *Cartilha de Orientação Policial.* Tatuagens: desvendando segredos. Salvador: Magic Gráfica, 2011.

SOARES E SOUZA, Taiguara Libano. *Constituição, Segurança pública e estado de exceção permanente:* a biopolítica dos autos de resistência. 2010. 222 f. Dissertação (Mestrado em Direito) — Pontifícia Universidade Católica do Rio de Janeiro, Departamento de Direito, Rio de Janeiro, 2010.

SOUSA, Air José de. *Entrevista concedida a Amanda Gonçalves Prado Quaresma.* Salvador (Terreiro Pilão de Prata), 22 dez. 2021.

SOUZA, Adilson Paes de. *O policial que mata:* um estudo sobre a letalidade praticada por policiais militares do Estado de São Paulo. 2020. 135 f. Tese (Doutorado em Psicologia) — Universidade de São Paulo, São Paulo, 2020.

SOUZA, Juliana Ferreira Ribeiro de. *Uma análise a partir do valor probatório dos depoimentos dos policiais nas sentenças condenatórias de tráfico de drogas:* do flagrante à narrativa judicial. Monografia (Graduação em Direito) — Universidade do Estado da Bahia, Salvador, 2021.

VARGAS, João Helion Costa. Por uma Mudança de Paradigma: antinegritude e antagonismo estrutural. *Revista de Ciências Sociais.* Fortaleza, v.48, n. 2, p. 83-105, jul./dez. 2017.

VARGAS, João Helion Costa. Racismo não dá conta: antinegritude, a dinâmica ontológica e social definidora da modernidade. *Revista Em Pauta,* Rio de Janeiro: n. 45, v. 18, p. 16-26, 1º semestre de 2020.

WENDEL, Bruno. *Com elevadores quebrados, corpos são transportados em carros-prancha no estacionamento do IML.* Correios, Salvador, 06 mai. 2022. Disponível em: **https://www.correio24horas.com.br/noticia/nid/com-elevadores-quebrados-corpos-sao-transportados-em-carros-prancha-no-estacionamento-do-iml/**. Acesso em: 13 mai. 2022.

WENDEL, Bruno. *'Vi meu filho morrer sem poder fazer nada', diz mãe de uma das vítimas da chacina do Cabula.* Portal Correio 24 Horas. 2020. Disponível em: **https://www.correio24horas.com.br/noticia/nid/vi-meu-filho-morrer-sem-poder-fazer-nada-diz-mae-de-uma-das-vitimas-da-chacina-do-cabula/**. Acesso em: 10 out. 2022.

WILDERSON III, Frank B. *Afropessimismo.* São Paulo: Todavia, 2021.

ZAFFARONI, Eugenio Raul. *A questão criminal.* Rio de Janeiro: Revan, 2013.

ŽIŽEK, Slavoj. *Violência.* São Paulo: Boitempo Editorial, 2014.

Este livro foi escrito por uma pesquisadora baiana e editado por uma editora carioca enquanto a polícia da Bahia tomava do Rio de Janeiro o título de polícia mais letal do país. Foi composto em Arno Pro e Trade Gothic e impresso na gráfica Eskenazi em papel pólen bold 90g/m² no miolo e cartão supremo 300g/m² na capa, no mês de fevereiro de 2024, quando se completou nove anos da Chacina do Cabula.